Kama Sutra

Kama Sutra

vatsyayana

Grupo Editorial Tomo, S. A. de C. V.
Nicolás San Juan 1043
03100 México, D. F.

1a. edición, noviembre 1998.
2a. edición, marzo 1999.
3a. edición, noviembre 1999.
4a. edición, julio 2000.
5a. edición, abril 2002.
6a. edición, julio 2003.

© *Kama Sutra*
   Autor: Vatsyayana

© 2003, Grupo Editorial Tomo, S.A. de C.V.
   Nicolás San Juan 1043, Col. Del Valle
   03100 México, D.F.
   Tels. 5575-6615, 5575-8701 y 5575-0186
   Fax. 5575-6695
   http://www.grupotomo.com.mx
   ISBN: 970-666-115-8
   Miembro de la Cámara Nacional
   de la Industria Editorial No. 2961

Diseño de Portada e Ilustraciones: Luis H. Rutiaga
Supervisor de producción: Leonardo Figueroa

Impreso en México - *Printed in Mexico*

Prólogo

*"Cuando en nuestros desvaríos de amor
enardecientes los rizos de tus cabellos se
perlan de sudor; se me figura que son cual
estrellas diminutas que se asoman en una
noche oscura, en un cielo sin luz".*

Latir del corazón al roce de la piel, brillo de la
mirada que se turba al goce, beso que se va bebiendo
hasta transformarse en ansia, las manos en busca del
placer, la unión de dos deseos, él y ella... el sexo.

El sexo, tan antiguo como el hombre mismo... el
sexo, instinto básico convertido en arte por ese ser
inquieto que siempre ha ido más allá.

Si ese ser fue capaz de atrapar el fuego y darle
utilidad a la piedra, si logró cultivar la semilla y
construirse un refugio, si pudo comunicarse con sus
semejantes por medio del habla; como no iba a ser
capaz de encontrar satisfacción en algo tan natural y
cotidiano como el sexo.

Pero, en la búsqueda de ese algo más, un pueblo, el hindú; llegó a entender que ese instinto podía ser gratificante y pleno. Y por eso, esa comunicación que se iniciaba en la piel y concluía en la comunión de la pareja, fue plasmada en un libro, el *Kama Sutra*.

Libro que recoge el espíritu vital de un pueblo y su entusiasmo profundo por el goce físico del sexo; libro que nos transporta al pasado mostrándonos un paisaje milenario, tan antiguo y tan lejano que casi lo podemos rozar con la liviandad de un beso o el ardor de una caricia.

Luis Rutiaga Cárdenas

Introducción

"Es como una antorcha en las tinieblas, ella es el día. Cuando aparece, se alzan las auroras. Con sus brillos los soles reverberan y la luna sonríe, si sonríen sus ojos. Cuando su mirada relampaguea, todos los ojos se cubren de lágrimas."

El *Kama Sutra* (Aforismos del Amor) es un manual sobre la sexualidad escrito por *Mallinaga Vatsyayana* hacia el año 500 d.C. Esta obra se compone de mil doscientos cincuenta *slokas* o versos, que se hallan divididos en seis partes, treinta y seis capítulos y cuatro párrafos.

Se supone que lo escribió en Benarés, basándose en las Sagradas Escrituras de su país, la India, mientras llevaba una vida religiosa.

En realidad corresponde a una amplia tradición literaria sánscrita, cuyos antecedentes muchos investigadores han localizado en los *Ratirahasya* (Secretos del Amor) y los *Smara Pradipa* (Luz del Amor).

La obra de *Vatsyayana* permite ser clasificada de la siguiente manera:

- **Sadharana:** *Temas generales, conquista de la virtud, higiene, salud y amor. Tipos de mujeres y la forma como deben adaptarse a los ciudadanos, mensajeros y amigos.*

- **Samprayogika:** *De la unión sexual y sus variantes.*

- **Kanya Sampayuktaka:** *De la unión de un hombre y una mujer.*

- **Bharyadhikarika:** *De la esposa y su conducta cotidiana.*

- **Paradarika:** *De las principales cualidades de los hombres y mujeres; además, de las esposas ajenas.*

- **Vaisika:** *De las cortesanas.*

- **Aupamishadika:** *De las artes de seducción, de los adornos personales, los medicamentos y las recetas útiles.*

A pesar de que el Kama Sutra debe ser considerado una obra erótica, su contenido supera la información sexual para centrarse en tres fundamentos básicos que se hallan interrelacionados, de acuerdo a la mentalidad de la India milenaria: el *dharma*, o situación religiosa en busca de la purificación, el *artha*, o la riqueza material, y el *kama* o el placer sexual.

Cuando los hombres y mujeres deciden iniciarse en las artes del amor, así como en los diferentes juegos sexuales, las recomendaciones que expone *Vatsyayana* van encaminadas a suplir las diferencias de tamaños entre los órganos masculino y femenino.

También trata sobre las cuestiones relacionadas con los eunucos, las cortesanas y las adúlteras.

Cada uno de los temas se presentan de una forma descriptiva y didáctica, con lo que se da forma a una serie de imágenes muy singulares, en las cuales se ofrece una visión completísima de los usos propios de la India antigua y milenaria.

El *Kama Sutra* se conoció en Occidente en 1880, gracias a la traducción inglesa de Sir Richard Burton.

Este fue un gran escritor y explorador, cuya amplia obra, la mayoría dedicada a los países orientales y árabes, ofrecía tales perfiles "escandalosos", que su viuda decidió quemar la mayoría de los originales que se guardaban en casa.

Por fortuna, el *Kama Sutra* fue una de las pocas obras que se salvaron de las llamas.

El Kama Sutra es mucho más que un tratado hindú sobre la Sexualidad; sin embargo, nosotros debemos tomar del mismo lo referente a esta importante actividad dentro de las relaciones humanas.

Como nos dirigimos a las parejas que viven en las postrimerías del siglo XX, procuraremos adaptar los términos antiguos a la literatura actual, citando algunas palabras, como *linga* (pene) o *yoni* (vagina), junto a otras, cuando estimemos que confieren un sentido poético al texto.

Lo que nos importa es comunicar a quien nos lea, que tiene en sus manos un completo Manual sobre el Amor y el Deseo, que puede servirle para mejorar su actividad amorosa en base a la igualdad que debe existir entre los dos componentes de la pareja.

Si en el *Kama Sutra* se aprecia una evidente preferencia por el placer del hombre, lo que resulta lógico en una sociedad tan antigua, también puede advertirse la conveniencia de "hacerse amar por las mujeres, cuidando el honor de éstas e inspirándoles confianza al no dejarlas nunca insatisfechas, pues sólo así se podrá asegurar su amor más fiel…"

Curiosamente, *Vatsyayana* deja caer en la mujer una gran parte de la actividad sexual, como si le otorgara el papel de la más experta amante, que se halla obligada a complacer a su "señor".

Al mismo tiempo, el hombre ha de cumplir una serie de requisitos, como "…prometer fidelidad a la mujer, disipar todas sus dudas acerca de posibles rivales y, por último, tras vencer su timidez, comenzará a gozar de ella de manera que no la asuste…"

Una pareja que actúa a nivel de igualdad, lo que se impone en nuestro tiempo, puede convertir este libro en una diversión permanente.

A medida que lleve a la práctica las sugerencias que ofrecemos, estará adquiriendo conciencia de que ya dispone del medio ideal para alejar la rutina de su relación sexual.

El primer paso que les permitirá, a los dos, conseguir un exacto conocimiento del cuerpo del otro es el proceso de seducción o de romance. En este punto resulta muy importante la utilización de la voz, para que las palabras sinceras dejen claro lo que se necesita.

Vamos a actualizar todo este ritual, sin olvidarnos en ningún momento del *Kama Sutra*, que ha de ser nuestra fuente de inspiración permanente.

Tengamos listos los cinco sentidos, la piel bajo la cual esperan las caricias, las diversas partes del cuerpo que van a entrar en acción y que cumplirán una función estimuladora en ciertos momentos y todo aquello sobre lo cual se irán extendiendo las caricias, los sabios golpes, los más delicados arañazos, algunos mordiscos y las distintas succiones.

Mención aparte merecen los abrazos y los besos, porque con éstos los amantes saben que están cumpliendo con el preludio sexual. Abriendo las puertas a la pasión que les irá deslizando al desenlace anhelado. Sin embargo, no conviene tener prisa. Lo que importa es realizar cada una de estas prácticas-juegos con la relativa tranquilidad de quien experimenta algo nuevo. Si se produce algún ligero error, deberán repetir lo ya realizado.

Podríamos decir algo parecido sobre las más variadas posiciones que vamos a presentar. Pero consideramos que cada una de ellas ofrece otra posibilidad de encontrar el disfrute con nuestra pareja.

Son tantas las posibilidades que presentamos, que muchas de ellas han de ser aptas hasta para las parejas que no han ido más allá de lo cotidiano.

Y en el caso de las que parecen algo complicadas, dejémoslas para otra ocasión. Pero, teniendo en cuenta que si pudieron ser realizadas por otras parejas, y encontraron en ellas satisfacción. ¿Cómo no vamos a conseguirlo nosotros?

"El rocío matinal moja las flores, tus labios se humedecen. Tus ojos, oh tus ojos, son un manantial; en ellos apaga la sed el labio sediento. Y tu boca… tu boca es colmena donde brota la miel y rabian las abejas."

Los compiladores

*Te recuestas con el porte de un cisne...
me miran tus ojos de cervatillo, bellos y
brillantes... muestras tus senos, llenos
y altos... te abres cual capullo de loto y
tu voz... tu voz me dice ven...*

Vatsyayana

Ya que el sexo en la India se consideraba casi sacramental, esencial para la vida y en consecuencia digno de estudio; junto al Ganges, en la ciudad de Benarés, un anciano sabio llamado *Mallinaga Vatsyayana*, escribía en el *Kama Sutra* que el placer era tan necesario al cuerpo como los alimentos.

El *Kama Sutra* al ser escrito en forma de *sutras* (aforismos), la más concisa formulación de un principio; permitió que fuera memorizado con más facilidad.

El libro, mundano pero no aburrido, analiza todo lo referente al sexo con una objetividad casi clínica, y sin embargo se trata de una obra esencialmente humana.

Aunque ha sido reprobada por algunos "eruditos", *Vatsyayana* insiste en que las mujeres deberían leer esta obra, y expone sus razones con su mezcla habitual de humanidad y pragmatismo.

Vatsyayana, considerado tanto compilador como autor, a pesar de que sus fuentes provienen de la extensa tradición sexual hindú; su personalidad ha seguido prevaleciendo en toda la obra.

La ausencia total de culpabilidad con respecto al sexo es quizá el mensaje más importante que nosotros, los lectores occidentales, podemos recibir del *Kama Sutra*.

Sir Richard Burton

Richard Burton y sus colegas ingleses de la sociedad *Kama Shastra* publicaron el *Kama Sutra* en 1833, pero durante más de medio siglo el conocimiento de esta obra clásica estuvo reservado a un limitado grupo de investigadores con una inclinación por lo exótico.

Intentar definir a Richard Burton es como perseguir a un genio gigantesco y malévolo con una botella vacía.

Tras haber sido suspendido en Oxford por batirse a duelo, se unió a la infantería nativa de Bombay, en 1842. Rechazado por la mayoría de sus camaradas de regimiento por que compartía su bungalow con una joven hindú, pronto recibió el apodo de "mestizo blanco."

No fue sólo por esto que le dieron este mote, sino por su pasión por Oriente, su cultura y sus lenguas. También influyó su inclinación a vestirse como los nativos para pasar inadvertido entre ellos.

Aprovechando esto, su comandante lo utilizó como espía. Esto lo puso en contacto con el íntimo y palpitante mundo de la sexualidad exótica.

Tal vez fue esta pasión por lo fantástico lo que lo indujo a compilar con tantos detalles las prácticas sexuales de los nativos.

Todavía permaneció tres años en la India y en 1849 regresó a Inglaterra. En 1853, disfrazado de afgano, hizo una peregrinación a la ciudad sagrada de la Meca, y vertió sus experiencias en una obra maravillosa, *Peregrinación a Medina y a la Meca.*

Retorna a Inglaterra y se dedica a escribir hasta su muerte, en 1890. Los secretos de las noches árabes, los rincones de la literatura erótica hindú y el acceso al jardín perfumado se abrieron con la llave de su vida aventurera.

> *"¡Bella es y tan altiva! Tan negros sus cabellos que los bebe la noche. Tan blanca su frente que la noche ilumina. Nadie, más que yo, pudo ver la fiesta de sus gracias."*

Sadharana

*"Mientras los labios besen y los ojos vean,
esto vivirá y te hará vivir".*

I

De el saludo al dharma, al artha y al kama

En el inicio de los tiempos, el Señor de los Seres creó a los hombres y las mujeres y, en forma de mandamientos, en cien mil versículos, trazó las reglas de su existencia en el *dharma*, el *artha* y el *kama*.

Algunos de los mandamientos que tratan del *dharma* fueron escritos por *Swayambhu*, los que se refieren al artha fueron compilados por *Brihaspati* y los que tratan del *kama* fueron expuestos por *Nadi*, discípulo de *Mahadeva*, en mil versículos.

Más tarde esos *Kama Sutra* (aforismos sobre el amor), fueron reproducidos por *Shevtateku*, en forma abreviada en quinientos versículos; luego *Babhravya* los redujo a sólo ciento cincuenta versículos.

Esos versículos estaban reunidos bajo siete títulos y trataban sobre los siguientes temas:

- 🌼 *Sadharana (de los asuntos generales)*
- 🌼 *Samaprayogika (de los abrazos, besos, mordiscos, rasguños)*
- 🌼 *Kanya Sampayuktaka (de la unión sexual)*
- 🌼 *Bharyadhikarika (de la mujer propia)*
- 🌼 *Paradarika (de la mujer ajena)*
- 🌼 *Vaisika (de las cortesanas)*
- 🌼 *Aupamishadika (de las artes de seducción)*

Estas siete partes fueron redactadas por diferentes autores y dado que la obra completa era casi imposible de encontrar, *Vatsyayana*, para facilitar su estudio, recopiló y resumió todo en un sólo libro con el fin de dar a conocer los trabajos de todos sus antecesores.

II

De la adquisición del dharma, el artha y el kama

El hombre, cuyo periodo de vida abarca unos cien años, debe practicar el *dharma*, el *artha* y el *kama* en diversas épocas, de tal manera que puedan armonizarse entre sí. Debe instruirse en la infancia; en la juventud y la madurez, ocuparse del *artha* y el *kama*. En la vejez dedicarse al *dharma*, esforzándose por ganar el *moksha* y librarse así de la transmigración posterior.

No obstante, teniendo en cuenta todo lo que se vive, puede practicarlos a la vez en ciertas ocasiones.

Pero hay que recordar una cosa: debiera llevar la vida de un estudiante religioso hasta que haya terminado su educación.

El *dharma* es la obediencia al *Shastra* (Sagradas Escrituras de los hindús), en las que se mandan hacer ciertas cosas, como la realización de sacrificios, que generalmente no se practican puesto que, al no ser de este mundo, no producen efectos visibles. También ordena abstenerse de otras, como comer carne, lo cual se hace a menudo puesto que es de este mundo y tiene efectos visibles.

El *dharma* debe aprenderse del *Shruti* (Libro Sagrado) y de quienes estén versados en él.

El *artha* es la adquisición de las artes, tierra, oro, ganado, riqueza, bienes y amigos. Es también la protección de lo que se ha adquirido y el incremento de lo conservado.

El *artha* puede aprenderse de los funcionarios reales y de los mercaderes versados en el comercio.

El *kama* es el disfrute de los objetos apropiados por medio de los cinco sentidos: oído, tacto, vista, olfato y gusto, ayudados por la mente y el alma. El punto esencial es un contacto peculiar entre el órgano del sentido y su objeto, y la conciencia del placer que emana de ese contacto se denomina *kama*.

El *kama* se aprende por medio del *Kama Sutra* (aforismos sobre el amor) y por su práctica.

Así, yo he escrito la "ciencia del amor", tras haber leído los textos de los autores antiguos y siguiendo los caminos del placer mencionados en ellos.

Quien está familiarizado con los verdaderos principios de esta ciencia se atiene al *dharma*, el *artha* y el *kama*, y a sus propias experiencias, así como a las enseñanzas de otros, y no actúa sólo conforme a los dictados de su propio deseo.

Así pues, si un hombre práctica el *dharma*, el *artha* y el *kama* saborea la felicidad a la vez en este mundo y en el que vendrá.

Después de leer y analizar las obras de *Babhravya* y otros autores antiguos, y reflexionar sobre el significado de las reglas fijadas por ellos, *Vatsyayana* redactó el *Kama Sutra*, conforme a los preceptos de las Sagradas Escrituras y para beneficio del mundo, mientras llevaba la vida de un estudioso religioso entregado a la contemplación de la divinidad.

Esta obra no pretende ser usada como un mero instrumento para la satisfacción de nuestros deseos.

Una persona familiarizada con los verdaderos principios de esta ciencia, que preserve su *dharma*, *artha* y *kama*, y atienda a las prácticas de los demás, alcanzará seguramente el dominio de sus sentidos.

En suma, una persona prudente e inteligente, que atienda al *dharma*, al *artha* y al *kama* sin convertirse en esclavo de sus pasiones, podrá realizar con éxito todo aquello que se proponga.

III

De las artes y ciencias que deben estudiarse

El hombre debiera estudiar el *Kama Sutra* y las artes y ciencias que se relacionan entre sí, aparte de aquellas en las que intervienen el *dharma* y el *artha*.

Incluso las jóvenes doncellas debieran estudiar el *Kama Sutra*, así como sus artes y ciencias antes del matrimonio, y luego continuar haciéndolo con el consentimiento de sus esposos.

Algunos hombres sabios se oponen a esto alegando que, al estarles vedado el estudio de cualquier ciencia, tampoco debieran las mujeres estudiar el *Kama Sutra*.

Pero *Vatsyayana* opina que esta objeción carece de sentido, ya que las mujeres conocen algo de la práctica de los *kama sutra*, y por consiguiente deben continuar aprendiendo bajo la dirección de alguna persona de confianza, como una amiga íntima, una tía, una vieja sirvienta o una hermana casada.

Y después, ya solas y en privado, deberán continuar estudiando las "sesenta y cuatro" prácticas.

También, junto con los *kama sutra*, los hombres y mujeres, deben procurar aprender las siguientes artes:

- *El canto*
- *La danza*
- *Tocar algún instrumento*
- *La escritura y el dibujo*
- *El tatuaje*
- *Los arreglos florales*
- *Los adornos de las camas con flores*
- *La decoración*
- *El vestido*
- *El arreglo de sus ojos y uñas*
- *Las representaciones teatrales*
- *La magia*
- *La cocina*
- *La costura*
- *La jardinería*
- *El arte de conversar*
- *La poesía*
- *La mímica*
- *La lectura*

- *La esgrima*
- *La carpintería*
- *La mineralogía*
- *El conocimiento de las piedras preciosas*
- *Saber de minas y canteras*
- *Saber de peleas de gallos y de carneros*
- *El masaje*
- *La escritura secreta*
- *La oratoria*
- *Conocer varios idiomas y dialectos*
- *Los juegos*
- *Los usos sociales*
- *El arte de la guerra*
- *La gimnasia*
- *El conocimiento de las personas*
- *La aritmética*
- *La escultura*

Cualquier mujer u hombre, que estudien estas artes y las unan a sus atractivos, tanto morales, como físicos y espirituales, tendrá derecho a un lugar de honor dentro de la sociedad.

Siempre serán admirados por el rey y su corte, los sabios los respetaran y serán honrados por todos.

Si la hija de un rey o la de un ministro posee las artes mencionadas, puede asegurar la preferencia de su hombre, por encima de cualquier mujer.

Si una mujer acaba de separarse de su esposo y sufre privaciones, puede ganarse la vida y atender fácilmente a sus necesidades, incluso en un país extranjero, mediante su conocimiento de estas artes.

Su mero conocimiento dota de atractivo a una mujer, aunque su práctica sólo sea posible en tales o cuales circunstancias.

Un hombre versado en esas artes, familiarizado con las artes de la galantería, conquistará muy pronto el corazón de las mujeres, aunque su trato con ellas sea reciente.

IV

La vida de un ciudadano

Un hombre bien instruido, con la fortuna que pueda haber obtenido por donación, conquista, transacción comercial, depósito o herencia de sus antepasados, puede convertirse en cabeza de familia y llevar la vida de un ciudadano.

Dispondrá de una casa en alguna ciudad o aldea importante, o en la vecindad de gente honrada, o en un sitio frecuentado por mucha gente.

Esta residencia debe encontrarse cerca del agua, y dividirse en distintos compartimientos para diversos propósitos.

Ha de estar rodeada de un jardín y también constar de dos estancias, una exterior y otra interior.

La interior será ocupada por las mujeres, mientras la exterior, aromada con ricos perfumes, contendrá una cama suave, agradable a la vista, cubierta con una colcha blanca y limpia. Abajo y alrededor, estará adornada con guirnaldas y ramos de flores, tendrá un dosel en la parte superior y dos cojines, uno en la cabecera y otro en los pies.

Debe haber también un diván, y en su cabecera, una repisa en la cual colocar los ungüentos perfumados para la noche, así como flores, vasijas con colirio y otras sustancias fragantes empleadas para perfumar la boca, como la corteza del limonero común.

Cerca del diván, en el suelo, una salivadera, una caja con ornamentos y también un laúd suspendido de un soporte hecho con el colmillo de un elefante, una tablilla de dibujo, una vasija con perfume, algunos libros y guirnaldas de flores de amaranto, amarillas.

No lejos del diván, también sobre el suelo, un asiento redondo, un carro para juegos y un tablero para jugar a los dados, y fuera de la estancia exterior, jaulas con aves y un lugar separado para hilar, tallar o esculpir y entretenimientos semejantes.

Al levantarse por las mañanas, el jefe de familia
debe lavarse los dientes, aplicarse en el cuerpo una
cantidad moderada de ungüentos y perfumes, ponerse
algunos adornos y colirio sobre los párpados y bajo
los ojos, colorear sus labios con barniz de laca y
mirarse en el espejo. Tras mascar hojas de betel y otras
cosas que perfumen la boca, puede consagrarse a sus
ocupaciones habituales.

Cada día tomará un baño y ungirá su cuerpo con
aceite cada tercer día; aplicará una sustancia espumosa
a su cuerpo cada tres días, afeitará su cabeza (incluida
la cara) cada cuatro días, y el resto de su cuerpo lo hará
cada cinco o diez días.

Todas estas cosas deben hacerse puntualmente, y
también eliminar el sudor de las axilas. Las comidas se
tomarán por la mañana, la tarde y la noche, como lo
prescribe el *Charayana*.

Tras el desayuno, enseñará a hablar a loros y
otros pájaros, y continuará con las peleas de gallos,
codornices y carneros. Después de dedicar un tiempo
limitado a recrearse con *pitharmardas*, *vitas* y
vidushakas; hará la siesta de mediodía. Concluida
ésta, el jefe de familia, una vez vestido y adornado,
conversará por la tarde con sus amistades.

Al anochecer habrá cánticos y fiestas y, luego el
jefe de familia, junto con sus amigos, aguardará en
su habitación, previamente decorada y perfumada, la

visita de la mujer ligada a él, o puede enviar una mensajera a buscarla, o ir él en persona. Una vez que llegue a su casa, él y sus amigos le darán la bienvenida y la entretendrán con una conversación agradable y cariñosa.

Así concluyen los deberes del día.

Las siguientes son actividades que pueden hacerse ocasionalmente como diversiones:

- *Festivales para las distintas divinidades.*
- *Excursiones para comer al aire libre.*
- *Reuniones sociales de ambos sexos.*
- *Fiestas para beber.*
- *Otras diversiones sociales.*

V

De las mujeres, los amigos y los mensajeros

Cuando el *kama* es practicado de acuerdo a las reglas del *Shruti* (Libro Sagrado), con doncellas de su propia casta, es un medio de adquirir una descendencia legal y una buena reputación.

Por el contrario, la práctica del *kama* con mujeres de castas elevadas, está prohibida. pero, la práctica del *kama* con mujeres de castas inferiores, con mujeres públicas y mujeres casadas dos veces; esto, no está ni ordenado ni prohibido.

La práctica del *kama* con tales mujeres no tiene más objeto que el placer y se les llama *nayikas*.

Estas mujeres son de tres clases: doncellas, mujeres casadas por segunda vez, mujeres públicas y mujeres a las cuales uno se dirige por un motivo especial.

En la vida cotidiana de un ciudadano se le daba una importancia muy especial a la amistad.

Se habla aquí de las diferentes clases de amigos:

- *Aquel que ha compartido la infancia.*
- *Aquel que se relaciona por obligación.*
- *Aquel que tiene los mismos gustos.*
- *Aquel que conoce nuestros defectos.*
- *Aquel que se ha criado con uno.*
- *Aquel que es hereditario.*

Estos amigos deben tener las siguientes cualidades:

- *Deben ser sinceros.*
- *Deben ser fieles.*
- *Deben estar en las buenas y en las malas.*
- *No deben ser codiciosos.*

* *No deben cambiar con el tiempo.*
* *Deben guardar los secretos.*

Charayana menciona que los ciudadanos debían tener amistad con barberos, vaqueros, drogueros, vendedores, taberneros, mendigos y alcahuetes, así como con las mujeres de todos estos.

También, para lo que se ofreciera relacionado con la conquista de una mujer, un ciudadano debía tener un mensajero a su servicio.

Este debía poseer las siguientes cualidades:

* *Destreza*
* *Audacia*
* *Intuición*
* *Seguridad*
* *Conocimiento*
* *Buenos modales*
* *Oportunidad*
* *Lealtad*
* *Inteligencia*
* *Ingenio*
* *Recursos*
* *Desparpajo*

Hay, con este respecto, un versículo que dice:

"El hombre ingenioso y sabio, que es ayudado por un amigo, y que conoce las intenciones de los demás, y también la hora y el sitio conveniente para hacer cada cosa; puede obtener con facilidad, incluso a una mujer difícil de conquistar".

> *"¿Sabes decir cuántas son las víctimas de tus ojos?*
> *¿Sabes cuántos dardos de tu mirada han herido corazones?*
> *¡Feliz, feliz quien sufre esas flechas que tus ojos lanzan!"*

Bharyadhikarika

*"Dura carga me impuso el amor. Te diré
la verdad: El que ama ha perdido la razón.
Perdido estoy, pero tengo disculpa: ¿Hay
otra, o pudo haber, más bella que tú?"*

I

Del matrimonio

Cuando el *kama* es practicado por hombres de las
cuatro castas conforme a las reglas de las Sagradas
Escrituras (por matrimonio legal) con doncellas de
su propia casta, los resultados de está unión son: la
adquisición del *dharma* y del *artha*, una relación
perdurable y un amor sin problemas.

También se convierte en un medio de adquirir
descendencia legal y buen nombre.

Por esta razón, el hombre debe elegir una joven
de buena familia, cuyos padres vivan y que sea menor
que él.

Debe pertenecer a una familia respetable, de buena posición y estar rodeada de parientes y amigos.

Debe también ser hermosa, de buen cuerpo; con uñas, dientes y ojos agradables; senos regulares. Debe gozar de buena salud.

Dice *Ghotakamukha*, que no se debe unir a una joven que haya vivido con otros hombres.

Ahora bien, para llevar a cabo el proyecto de matrimonio con una joven así, los parientes y amigos del pretendiente deben hacer todos los esfuerzos para que está unión se realice. Estos amigos les darán a conocer a los padres de la joven los defectos de todos los otros pretendientes y exaltarán los méritos de su amigo.

Conviene tomar por esposa a una joven, cuando se está plenamente satisfecho de la mujer elegida; pues dice *Ghotakamukha*, que un hombre no debe casarse por mero capricho.

Se deben evitar, para propósito de matrimonio, las siguientes jovenes:

- ❀ *Las que duermen mucho*
- ❀ *Las que lloran sin razón*
- ❀ *Las que siempre tienen evasivas*
- ❀ *Las poco femeninas*
- ❀ *Las tímidas*

- *Las descuidadas*
- *Las que siempre están afligidas*
- *Las que son mayores que uno*
- *Las que son amigas de uno*
- *Las que son chismosas*
- *Las que no han llegado a la pubertad*

Según algunos autores, uno sólo puede ser feliz si se casa con la mujer por la que se siente atraído y a la que ama, sin darle importancia a otras cosas.

Cuando una muchacha alcanza la edad del matrimonio, sus padres deben vestirla elegantemente y llevarla a lugares donde todos puedan verla.

Todas las tardes, tras vestirla y engalanarla, la enviarán con sus amigas a los deportes, sacrificios y ceremonias matrimoniales, exhibiéndola para que pueda progresar en la sociedad.

También recibirán con demostraciones de afecto y cortesía a las personas de aspecto promisorio que pudieran venir acompañadas de sus amistades y relaciones con el propósito de casarla, y tras haberla vestido convenientemente se la presentarán.

Después aguardarán los favores de la fortuna, y a este fin deberán fijar un día en el cual adoptar una determinación relativa al matrimonio de la hija. En esta ocasión, cuando las personas hayan llegado, los padres de la muchacha las invitarán a bañarse y cenar diciéndoles: "Todo llegará a su debido tiempo", y no accederán de inmediato a la petición de mano, sino que la dejarán para otro momento.

Cuando un hombre adquiere una joven según las costumbres del país o siguiendo su propio deseo, se casará con ella de acuerdo a los preceptos de las Sagradas Escrituras, escogiendo una de las cuatro clases de matrimonio.

Los entretenimientos sociales, tales como fiestas, los matrimonios y las ceremonias religiosas; no se practicarán con personas superiores ni inferiores, sino con sus iguales.

Se habla de una alianza alta cuando un hombre, tras casarse con una muchacha, tiene después que ponerse a su servicio y al de su parentela como un sirviente, y tal alianza es reprobada por los justos. Por el contrario, cuando un hombre y su parentela tratan despóticamente a una mujer, esa alianza igualmente reprobable es llamada por los sabios una alianza baja.

Pero cuando el hombre y la mujer se satisfacen mutuamente y los parientes de ambos se respetan por igual, se trata de una alianza en el recto sentido de la palabra.

Un hombre por tanto no debe concertar una alianza alta, que lo obligaría a rebajarse ante sus parientes, ni una alianza baja, que sería mal vista por todos.

II

De la confianza que se debe inspirar

En los tres primeros días siguientes a la boda, la muchacha y su marido dormirán en el suelo, se abstendrán de placeres sexuales y no sazonarán sus alimentos con especias ni con sal.

Durante los próximos siete días se bañarán envueltos en los acordes de instrumentos musicales propicios, se engalanarán, comerán juntos y atenderán muy cumplidamente a cuantas personas hayan asistido a la boda.

Esto es aplicable a personas de todas las castas. En la noche del décimo día, el hombre comenzará a hablarle con dulzura en un lugar solitario, para inspirar confianza a la muchacha.

Algunos autores opinan que, para ganársela, no ha de hablarle durante tres días, pero los seguidores de *Babhravya* consideran que, si un hombre guarda silencio durante tres días, ella puede disgustarse al verle tan frío como una columna y, desilusionada, empezar a despreciarlo como a un eunuco.

Vatsyayana dice que el hombre debe comenzar a ganársela inspirándole confianza, pero absteniéndose al principio de los placeres sexuales. Al ser las mujeres de dulce naturaleza, quieren que se les aborde con dulzura. Si han de sufrir el asalto brutal de un hombre al que apenas conocen, a veces repentinamente comienzan a odiar el acto sexual, y a veces hasta el sexo masculino.

El hombre debe aproximarse a la muchacha con los miramientos requeridos y empleando procedimientos capaces de inspirarle cada vez mayor confianza.

Estos procedimientos son los siguientes:

- *La abrazará por primera vez como a ella más le agrade, ya que esto no dura mucho.*

- *La abrazará contra la parte superior de su cuerpo, puesto que es lo más fácil, natural y sencillo.*

- *Si la joven es mayor, o si el hombre la conoce desde hace tiempo, puede abrazarla a la luz de una lámpara; pero si apenas la ha tratado o es muy joven, la abrazará en la oscuridad.*

Cuando la joven acepte el abrazo, el hombre pondrá en su boca una *támbula* o mezcla de areca y hojas de betel, y si ella la rehusase, la inducirá a hacerlo por medio de palabras conciliatorias, ruegos, juramentos y arrodillándose a sus pies, puesto que es una regla universal que ninguna mujer, por furiosa o asustada que esté, es capaz de desairar a un hombre que se arrodille a sus pies.

En el momento de darle la *támbula*, la besará dulce y graciosamente en la boca sin emitir sonido alguno.

Una vez conseguido esto, la hará hablar, y para inducirla a hacerlo la interrogará sobre cosas que ignore o simule ignorar y que puedan ser respondidas con unas pocas palabras.

Si ella no le hablase, no la intimidará, sino que repetirá lo mismo en un tono conciliador. Si tampoco así hablase, la urgirá a hacerlo, puesto que, según *Ghotakamukha*, "todas las muchachas escuchan lo que les dicen los hombres, aunque a veces no digan una palabra".

Asediada de este modo, la muchacha responderá con movimientos de cabeza; pero si ha reñido con el hombre, no hará siquiera eso.

Cuando el hombre le pregunte si le agrada o lo desea, permanecerá silenciosa largo rato, y cuando al fin se vea obligada a responder lo hará afirmativamente con un movimiento de cabeza.

Si el hombre conociese con anterioridad a la joven, conversará con ella por medio de una amiga que le sea favorable y de la confianza de ambos, y que lleve la conversación entre los dos.

En este caso, la muchacha sonreirá con la cabeza gacha, y si la amiga dijese más de lo que ella deseaba, la regañará y discutirá con ella. La amiga dirá en tono de broma incluso lo que la muchacha desearía que no dijese, añadiendo: "¡Ella opina así!", a lo cual la muchacha replicará vaga y graciosamente: "¡Oh, no! no he dicho eso", y sonreirá mientras dirige una mirada furtiva hacia el hombre.

Si la joven conoce bien al hombre, sin pronunciar palabra, pondrá a su lado la *támbula,* el ungüento o la guirnalda que él hubiese solicitado, o los ocultará en la parte superior de su vestido.

Mientras lo hace, el hombre tocará sus jóvenes senos, oprimiéndoles delicadamente con las uñas, y si ella tratara de impedirlo le dirá: "No volveré a hacerlo si me abrazas", induciéndole así a hacerlo.

Mientras ella lo abraza, pasará su mano una y otra vez por distintas partes de su cuerpo. Luego la sentará en sus rodillas y tratará de ganar poco a poco su consentimiento, y si ella no se entregara, la asustará diciéndole: "Dejaré marcas de mis dientes y uñas en tus labios y tus senos, y haré otras similares en mi propio cuerpo y contaré a mis amigos que fuiste tú quien las hizo".

De éstas y otras maneras, como se despiertan el temor o la confianza en el ánimo de los niños, el hombre conseguirá someterla a sus deseos.

Durante la segunda y tercera noches, a medida que la confianza se acrecienta, la acariciará con las manos y besará todo su cuerpo. También pondrá sus manos sobre sus muslos y los acariciará, y si esto sale bien, acariciará después donde se juntan sus muslos. Si ella trata de impedírselo, le dirá: "¿Qué hay de malo en ello?", y la persuadirá para que deje hacerlo.

Una vez dado este paso, tocará sus partes íntimas, aflojará su cinturón y el lazo de su vestido y, alzando su parte inferior, le acariciará la ingle. Debe hacer todo esto con diversas excusas.

A continuación, ha de enseñarle las sesenta y cuatro artes, contarle cuánto la ama y describirle las esperanzas que había concebido respecto a ella.

También le prometerá fidelidad y disipará sus temores acerca de posibles rivales y, por último, tras haber vencido su timidez, empezará a disfrutar de ella de manera que no la asuste.

Todo esto es necesario para despertar la confianza de una muchacha, y sobre el tema se han escrito estos versículos: "Un hombre que actúe según las inclinaciones de una muchacha procurará conquistarla de modo que ella pueda amarle y concederle su confianza.

Esto no se logra siguiendo a ciegas las inclinaciones de la joven, ni oponiéndose totalmente a ellas, sino mediante la adopción de un término medio.

Quien sepa hacerse amar por las mujeres, así como cuidar de su honor e inspirarles confianza, ése tiene el amor asegurado. Pero quien abandona a una muchacha porque la cree demasiado tímida, es despreciado por ella como un bruto que ignora el funcionamiento de la mente femenina.

Más aún, una joven poseída violentamente por alguien que no comprende los corazones de las jovenes se siente nerviosa, inquieta y afligida, y repentinamente comienza a odiar al hombre que se aprovechó de ella.

Y como su amor no ha sido comprendido o correspondido, se hunde en el abatimiento y empieza a odiar a la humanidad o, al detestar a su esposo, recurre a otros hombres.''

III

Del cortejo y los sentimientos

Un hombre pobre, dotado de buenas cualidades, un vecino rico y un hombre que depende de sus padres o de sus hermanos, no debe casarse sin haber tenido cuidado de hacerse amar y estimar por una joven que haya tratado desde su infancia.

Así, un joven separado de sus padres y que vive en la casa de su tíos, tratará de conquistar a la hija de su tío. Esta forma de conquistar a una joven, según *Ghotakamukha*, es irreprochable, porque así, se puede ir adquiriendo *dharma*.

Cuando un joven comience a cortejar a una doncella, pasará el tiempo con ella y la divertirá con diferentes juegos. Debe ser amigable con los parientes de la joven y buscar su amistad. Hará todo lo que le sea agradable a la joven y le conseguirá todo lo que ella desee.

Después de haber logrado su confianza y cuando parezca que la joven lo ama, le ofrecerá un ramillete de flores y, si le gusta la música, le cantará a la luz de la luna.

Ahora, hablaremos de algunos signos por medio de los cuales se revela el amor de una mujer para con un hombre:

- *Nunca lo mira de frente y se ruboriza cuando él la mira.*
- *Con un pretexto u otro, lo hace que la contemple.*
- *Lo mira secretamente cuando se aleja de ella.*
- *Baja la cabeza cuando le hace una pregunta.*
- *Le gusta permanecer largo tiempo en su compañía.*
- *No quiere dejar el sitio en que él se encuentra.*
- *Prolonga la conversación.*
- *Evita ser vista por él cuando no está arreglada.*
- *Luce los obsequios que él le ha dado.*

Hay también, sobre este tema, algunos versículos que dicen:

"Un hombre que se ha dado cuenta y ha advertido los sentimientos de una joven con respecto a él, y que ha notado los signos por medio de los cuales sabe que ella lo quiere, debe hacer todo lo posible para casarse con ella."

IV

De lo que ambos deben hacer para conquistarse

Ahora bien, cuando la joven empieza a mostrar los signos de su amor, el pretendiente debe intentar conquistarla por diferentes medios, tales como los siguientes:

- *En el curso de las diversiones la tomará de la mano.*
- *Practicará con ella las diferentes clases de abrazos.*
- *Le hará ver la siluetas de los dos en las sombras que producen las hojas de los árboles.*
- *Cuando paseen cerca de un río y decidan bañarse separados, él se sumergirá y reaparecerá cerca de ella.*

- *Se mostrará cautivado por un atardecer y se lo dirá.*

- *Le describirá lo que sufre por ella.*

- *Le contará que soñó con ella.*

- *Le rozará suavemente cuando se siente junto a ella.*

- *Cada vez que le dé un regalo o reciba uno de ella, con su mirada le expresará la intensidad de su amor.*

- *Cuando se encuentre con ella en algún lugar solitario, la enamorará.*

Dice *Ghotakamukha*, "por apasionadamente que un hombre ame a una joven, nunca llegará a conquistarla a menos que la haya enamorado por medio de las palabras."

Por último, cuando el hombre sienta que ha conquistado a la joven, podrá empezar a gozarla.

La joven, cuando desea; no se mostrará menos tímida por la tarde, por la noche o en la oscuridad; ella, solamente gozará.

Una joven, dotada de cualidades y con buena educación, pero sin fortuna, o que es huérfana, pero que observa las reglas de su familia; cuando ha llegado a la edad de casarse y piensa en establecer una familia, debe procurar relacionarse con un buen pretendiente.

Empleará para este fin todos los recursos que tenga para hacerse amar por él y buscará todas las ocasiones para verlo y encontrarlo.

Le mostrará su habilidad en la práctica de las artes, en el masaje, el rasguño y la presión de las uñas. Por último hablará con él de los temas que le gustan.

Pero, según los autores antiguos, por ardiente que sea el afecto de una joven por un hombre, no debe ofrecerse ni dar los primeros pasos, pues si actúa de esta manera se expone a ser despreciada y rechazada.

Cuando parezca que el hombre desea gozar, ella no debe mostrar interés; si la quiere besar, se opondrá; cuando le ruegue que le permita gozarla, le dejará sólo tocar sus parte íntimas, y eso con mucha dificultad; y por más que él insista, no cederá, sino que resistirá a los esfuerzos que él haga por poseerla.

Sólo cuando esté segura que es amada verdaderamente se entregará a él, convenciéndolo de que deben casarse.

Sobre este tema hay algunos versículos que dicen:

"Una muchacha muy apreciada debe casarse con el hombre que le agrade, uno que le obedezca y sea capaz de proporcionarle placer. Pero cuando una muchacha es casada por sus padres con un hombre rico por afán de riquezas, sin tomar en consideración el carácter o el aspecto del prometido, o cuando es dada a un hombre que tiene varias esposas, nunca se sentirá atraída por él, aunque esté dotado de buenas cualidades y se muestre bien dispuesto, activo, fuerte, saludable y ansioso por complacerla en todos los sentidos.

Un marido obediente y sin embargo dueño de sí mismo, aunque sea pobre y no bien parecido, es mejor que uno compartido con varias mujeres, aunque sea hermoso y atractivo.

Las esposas de los hombres ricos, cuando son muchas, generalmente no se sienten ligadas a sus esposos, ni se muestran íntimas con ellos, y aunque posean todos los goces externos de la vida, recurrirán a otros hombres.

Un hombre de escasa inteligencia, sin posición social y muy dado a viajar, no merece casarse, ni tampoco el que tiene muchas esposas e hijos, o el consagrado a los deportes y al juego, y que visita a su esposa sólo cuando siente el deseo de hacerlo.

De entre todos los amantes de una joven, el esposo verdadero es aquel que posee las cualidades que a ella le agradan, y sólo él disfruta de una superioridad real sobre ella, porque es un esposo por amor."

V

De las diversas formas de matrimonio

Cuando se haya conquistado a una joven y ésta se comporte con el hombre como si fuera su mujer, el hombre hará traer fuego de la casa de un *brahmán*, y después de haber sembrado sobre la tierra hierba *kuska* y haber ofrecido un sacrificio al fuego, se casará con ella según los preceptos de las Sagradas Escrituras.

Un matrimonio contraído ante el fuego no puede ser anulado.

Después que se haya consumado el matrimonio, los padres del novio se darán cuenta del asunto y se les informará también a los padres de la novia, procurando, por medio de atenciones, ganar su consentimiento y hacerles olvidar la manera en que fue concluido el matrimonio.

Es así como el hombre debe casarse con una joven, de acuerdo a la forma *Gandharva* de matrimonio.

Si una joven no puede decidirse, o si no quiere expresar sus deseos de casarse, el hombre llegará a sus fines por uno de los siguientes medios:

❀ *En la primera ocasión favorable, y bajo algún pretexto, deberá por medio de una intermediaria, hacer que la joven venga a su casa. Entonces irá a buscar fuego a la casa del brahmán, y se consumará el matrimonio.*

❀ *Si sabe que la joven que él ama, está prometida a otro hombre; hará todo lo posible por desacreditar a ese pretendiente ante los ojos de la madre de la joven.*

*Entonces, con el consentimiento de la madre,
está la llevará a una casa vecina, y ahí,
irá a buscar fuego a la casa del brahmán.*

● *El hombre debe hacerse amigo del hermano
de la joven, le ayudará en todo, y, cuando
se presente la ocasión, le hará regalos.
Después de haber ganado su confianza,
le dirá que está enamorado de su hermana
y hará que le lleve a la joven a algún sitio
seguro, donde irá a buscar el fuego para
consumar el matrimonio.*

● *En alguna ocasión especial, adonde los
dos asistan, procurará por medio de una
intermediaria, que la joven beba alguna
sustancia embriagante, y luego la llevará
a un sitio seguro, donde, después de haber
gozado de ella, antes de que se disipe su
embriaguez, traerá el fuego y consumará
el matrimonio.*

● *El hombre, en confabulación con alguna
amiga de la joven, la raptará mientras está
dormida; y después de haber gozado de ella,
traerá fuego de la casa de un brahmán y se
realizará el matrimonio.*

● *Si la joven hace algún un viaje o va de
paseo, la raptará y procederá a traer el
fuego para consumar el matrimonio.*

Hay sobre este tema algunos versículos que dicen:

"En las distintas formas de matrimonio, la primera es la mejor, porque va más de acuerdo con los preceptos de las Sagradas Escrituras. Sólo cuando es imposible realizar la primera, está permitido recurrir a las otras.

Como el fruto de todo buen matrimonio es el amor, la forma de matrimonio *Gandharva* es la más respetada, ya que proporciona la felicidad, acarrea menos problemas que las otras formas y es el resultado de un amor previo."

VI

De la conducta de la esposa

Una buena esposa, que ame a su esposo, actuará conforme a sus deseos como si se tratase de un ser especial, y con su consentimiento se encargará de cuidar de toda la familia.

Mantendrá la casa bien limpia, dispondrá flores de distintas clases por toda ella y lavará con esmero el suelo para que el conjunto ofrezca un aspecto pulcro y decente. Rodeará la casa con un jardín, y tendrá listos en él los materiales indispensables para las ofrendas de la mañana, la tarde y la noche.

En relación con los parientes, aliados y amigos de su esposo, los atenderá según sus méritos.

En el jardín plantará legumbres, caña de azúcar, higueras, mostaza, perejil e hinojo. Cultivará también diversas flores, tales como el jazmín, el amaranto, la rosa y otras. Habrá también un jardín perfumado con árboles y, en medio, un pozo o espejo de agua.

El ama de casa deberá evitar siempre la compañía de las mendigas, y de las mujeres bribonas y de malas costumbres.

Para las comidas tendrá siempre en cuenta lo que le gusta a su esposo. Deberá atenderlo cuando llegue a casa.

No usará contra él un lenguaje injurioso, y sobre todo no será peleonera, pues, dice *Gonardiya*, "no hay nada que disguste tanto a un esposo como ese defecto en una mujer."

Cuando la esposa desee estar con su esposo en privado, se vestirá con un traje ricamente adornado y se perfumará con esencias florales. Pero su vestido cotidiano será lo más sencillo posible, adornado con flores y adornos, y usará sólo un poco de perfume.

La esposa no debe decir a extraños el monto de la fortuna de su esposo, ni los secretos que él le haya confiado.

Se preocupará que todos los asuntos relacionados con el manejo de la casa marchen bien.

Además, no deberá ser vanidosa ni preocuparse en demasía; será generosa con sus sirvientes y por último, consultará e informará a su esposo de todo lo que acontezca.

Durante la ausencia de su esposo por algún viaje, se guardará y observará una conducta intachable. Por ansiosa que esté de recibir noticias de él, no dejará por ello de prestar atención a los asuntos de la casa. Aumentará los recursos haciendo compras y ventas por medio de sirvientes honestos, que ella vigilará.

También hay sobre este tema algunos versículos que dicen:

"La mujer, tanto si es hija de familia noble como viuda doncella vuelta a casar o concubina, llevará una vida casta, consagrada a su marido, y hará todo lo necesario para su bienestar. Las mujeres que obran así adquieren el *dharma*, el *artha* y el *kama*, alcanzan una posición elevada y generalmente ganan el amor de sus esposos."

VII

De la conducta de las otras esposas

Las causas de un nuevo matrimonio durante la vida de la esposa son las siguientes:

- *El mal carácter de la primera esposa.*
- *El disgusto que ella manifiesta por él.*

- *La falta de prosperidad.*
- *El nacimiento continuo de hijas.*
- *La incontinencia del esposo.*

Desde el inicio del matrimonio, la esposa debe hacer esfuerzos para ganarse el corazón de su esposo, mostrándose agradable y de buen humor. Sin embargo, si no le da hijos, ella misma debe aconsejar a su esposo que se case con otra mujer.

Cuando la segunda mujer ha sido desposada, la primera esposa le dará una posición similar a la suya y la tratará como a una hermana.

Por la mañana, la esposa más antigua adornará a la otra, y de ninguna manera se sentirá celosa de las atenciones que su esposo tenga para con ella.

Además, tratará a sus hijos como si fueran propios. Si ve que ella se pelea con su esposo, se esforzará para que se reconcilien.

La esposa más joven verá a la esposa más antigua como si fuera su madre. Le participará de todo lo que sucede y sólo se acercará a él con su permiso.

No le revelará a nadie los secretos que la esposa más antigua le haya confiado. No confiará a nadie su amor por su esposo, ni el amor de él por ella, ya sea por orgullo, ya sea por ira; pues una mujer que revela los secretos de su esposo incurre en su desprecio.

Un hombre que tiene varias esposas debe procurar ser sincero con todas. No será ni indiferente ni demasiado indulgente con sus defectos, y no revelará a una de ellas: el amor, la pasión, ni los defectos íntimos de las otras.

No les dejará que murmuren entre sí, y si una de ellas comienza a hablar de otra, la reprenderá.

Dará gusto a una por confidencias íntimas; a otra, por alguna consideración particular; a una tercera, por alguna alabanza secreta; y a todas, paseando con ellas por los jardines: divirtiéndolas, dándoles regalos, honrando a sus familias y por último, gustando de su compañía en los juegos amorosos.

Una joven que se conduzca según los preceptos de las Sagradas Escrituras, asegura el afecto de su esposo y tiene la primacía sobre sus rivales.

> *"Me hubieras anunciado tu venida:*
> *Tendería como alfombra a tus pies toda la*
> *sangre de mi corazón, el terciopelo negro*
> *de mis ojos, la fresca rosa de mis mejillas*
> *y la seda de mi cuerpo."*

Paradarika

"Luz de mis ojos, belleza de gacela: Si te alejas me muero. Si te acercas, me embriagas. Vivo ardiendo y me extingo.

I

De la mujer ajena

Puede recurrir a las esposas de otros hombres, pero debe entenderse claramente que esto sólo está permitido por razones especiales y no por el mero deseo.

Deberán examinarse previamente las posibilidades de esta relación, el problema de la cohabitación, el peligro en que uno incurre al unirse con ellas y el efecto futuro de estas uniones.

Un hombre puede recurrir a la mujer de otro a fin de salvar su propia vida, cuando percibe que su amor por ella va aumentando gradualmente de intensidad.

Estos grados de intensidad son diez y se reconocen por los siguientes síntomas:

- *Amor a primera vista*
- *Atracción espiritual*
- *Pensamiento constante*
- *Insomnio*
- *Falta de apetito*
- *Hastío por todo*
- *Deseo*
- *Locura*
- *Desfallecimiento*
- *Muerte*

Algunos autores antiguos dicen que un hombre debe darse cuenta de la sinceridad, la pureza y los instintos de una mujer joven, así como de la intensidad y debilidad de sus pasiones, observando la forma de su cuerpo y ciertos signos característicos.

Pero *Vatsyayana* opina que la forma del cuerpo y los signos son sólo indicios engañosos, y que hay que juzgar a las mujeres por la expresión exterior de sus pensamientos y los movimientos de sus cuerpos.

Gonikaputra dice que una mujer se prenda de amor por todo hombre atractivo que ve, y que lo mismo hace un hombre cuando ve una mujer bella. La mujer ama sin fijarse en lo justo o lo injusto, y no trata de conquistar a un hombre para alcanzar simplemente tal o cual objeto.

Si un hombre es el primero en abordarla, ella se aleja naturalmente de él; pero si los esfuerzos del hombre por conquistarla continúan, ella acabará por ceder. El hombre, por el contrario, por más que esté enamorado, domina sus sentimientos y aunque piensa con frecuencia en ella, no cede.

A veces ocurre, que una vez que ha conquistado a la mujer, pierde interés y se vuelve indiferente.

El hombre no se preocupa de lo que se obtiene con facilidad y sólo desea lo que esta fuera de su alcance.

Las razones para que una mujer rechace el asedio de un hombre son las siguientes:

- *Amor por su esposo.*
- *Deseo de descendencia legal.*
- *Falta de oportunidad.*
- *Enfado al verse abordada por un hombre con demasiada familiaridad.*
- *Diferencia de clase social.*
- *Falta de seguridad debida a la inclinación del hombre por los viajes.*

- *Sospechas de que el hombre pueda estar ligado a otra persona.*

- *Miedo a que el hombre no guarde en secreto sus intenciones.*

- *Sospechas de que el hombre esté demasiado entregado a sus amigos y sea demasiado condescendiente con ellos.*

- *Temor de que el hombre sea poco formal.*

- *Timidez por tratarse de un hombre ilustre.*

- *En el caso de la mujer-cierva, miedo a que sea poderoso o esté poseído por pasiones demasiado impetuosas.*

- *Timidez por pensar en la excesiva habilidad del hombre.*

- *Recuerdo de haber vivido antes con él en términos meramente amistosos.*

- *Menosprecio por su escaso conocimiento del mundo.*

- *Desconfianza a causa de su carácter ruin.*

- *Disgusto por sus exigencias de conocer su amor por él.*

- *En el caso de la mujer-elefanta, sospecha de que es un hombre-liebre, o de pasiones débiles.*

- *Temor de que le ocurra algo a causa de su pasión.*

- *Desesperación por sus defectos.*
- *Miedo a que la descubran.*
- *Desilusión al ver su cabello gris o su aspecto descuidado.*
- *Temor de que pueda haber sido empleado. por su marido para probar su castidad.*
- *Sospecha de que tiene excesivo respeto por la moralidad.*

Cualquiera que sea la causa que el hombre llegue a adivinar, debe tratar de remediarla dando pruebas de un amor apasionado.

Si la mujer alega falta de oportunidades para verse, buscará la manera de remediar esto, para estar juntos. Si la relación es muy cortante, tratará de suavizarla haciéndose familiar. Si ella duda de él, se mostrará valiente y sabio. Si lo acusa por su descuido, la llenará de atenciones.

Para tener éxito con las mujeres, los hombres deben tener las siguientes cualidades:

- *Ser versados en el arte del amor.*
- *Ser buenos conversadores.*
- *Serles familiar.*
- *Ser dignos de su confianza.*

- *Ser generosos con ellas.*
- *Ser gentiles.*
- *Ser complacientes con ellas.*
- *Ser sus confidentes.*
- *Ser deseados por ellas.*
- *Ser amigabies.*
- *Serles agradable.*
- *Ser sociables.*
- *Ser varoniles.*
- *Ser inteligentes.*
- *Ser aseados.*
- *Ser cuidadosos en el vestir.*

Las mujeres que pueden ser conquistadas con cierta facilidad son las siguientes:

- *Las que se fijan en uno*
- *Las que siempre están de curiosas*
- *Las que no están en su casa*
- *Las despechadas*
- *Las que no tienen hijos*
- *Las que sufren abandono*
- *Las viudas*
- *Las que necesitan apoyo económico*

- *Las que gustan de los placeres*
- *Las vanidosas*
- *Las coquetas*
- *Las que se sienten superiores*
- *Las que sufren maltrato*
- *Las celosas*
- *Las ambiciosas*
- *Las que se saben bellas*
- *Las vulgares*

También hay sobre este tema, un versículo que dice:

"El deseo, inspirado por la naturaleza y acrecentado por el conocimiento de las artes, se vuelve firme y seguro. Un hombre diestro que confía en sí mismo, que observa con cuidado los sentimientos de las mujeres y que sabe por que se alejan de los hombres, será por lo general dichoso con ellas".

II

De la forma de conquistar a una mujer

Los autores antiguos decían que las mujeres jovenes son más difíciles de seducir por medio de un intermediario, que por la acción personal de un hombre;

y que en cambio, las mujeres casadas ceden con mayor facilidad al intermediario que al amante mismo.

Vatsyayana, por su parte opina, que siempre que sea posible el hombre debe actuar por su propia cuenta, y sólo cuando hay imposibilidad de hacerlo se debe recurrir a los oficios de un mensajero.

Cuando un hombre actúa por si mismo, debe ante todo, tener conocimiento de la mujer que ama de la manera siguiente:

- *Se las arreglará para ser visto por ella.*
- *Cualquiera que sea el momento en que se encuentran, el hombre debe mirar a la mujer de tal manera que ella se de cuenta de su estado de ánimo.*
- *Cuando ella lo mire hablará sólo de asuntos relacionados con los dos.*
- *Hará todo lo posible para interesarla por medio de sugerencias sobre el amor.*
- *Al aumentar la intimidad, le confiará sus secretos y procurará que sus visitas sean lo más frecuente.*
- *Estará al pendiente de sus necesidades para ofrecerle su ayuda.*
- *Tratará de conciliar en las discusiones sin llegar al enojo y compartirá sus diversas opiniones.*

Estas son algunas de las formas de acercarse a la mujer que se desea.

Ahora bien, cuando ya la joven está familiarizada con el pretendiente y manifiesta su agrado para con él; éste debe tratarla con la mayor delicadeza si la joven no tiene experiencia sexual. Esto no es necesario, claro, con las mujeres que ya conocen el trato sexual.

Cuando las intenciones se convierten en certeza, el hombre le hará regalos bellos y valiosos.

Si van a alguna reunión, le pedirá la flor que lleva en el pelo.

Poco a poco disipará sus temores y tratará de llevarla a algún sitio solitario, donde la abrazará y la besará. Después le oprimirá suavemente sus partes secretas como si fuera una insinuación.

Cuando un hombre ha aprendido la seducción de una mujer, no debe de tratar de seducir otra al mismo tiempo.

Pero después de haber logrado sus fines con la primera, y haber gozado con ella durante largo tiempo, seguirá cultivando su afecto por medio de regalos y atenciones, y comenzará entonces el asedio de otra mujer.

Un hombre cuidadoso no pensará en seducir a una mujer tímida o de carácter ligero, o que se halle vigilada por sus parientes.

III

De el ánimo de una mujer

Cuando un hombre trata de seducir a una mujer, hay que tener en cuenta su estado de ánimo y debe de actuar de la siguiente forma:

- *Si ella le escucha sin manifestar interés en él, tratará de conquistarla por medio de una intermediaria.*

- *Si ella se encuentra repetidas veces con él o si lo busca, puede estar seguro que las intenciones llegarán a buen fin.*

- *Si ella evita las atenciones de él y, ya sea por respeto o por orgullo personal, no quiere encontrarse con él; sólo se le podrá seducir con muchas dificultades y empleando una intermediaria muy hábil.*

- *Cuando un hombre corteja a una mujer y ella lo rechaza con palabras ofensivas o burlonas, debe renunciar a ella de inmediato.*

- *Cuando una mujer rechaza a un hombre, pero al mismo tiempo le demuestra que le tiene afecto, hay que tratar de seducirla.*

- *Si ella se encuentra con él en lugares solitarios, pero se muestra evasiva; podrá*

*ser seducida con paciencia y muchos
esfuerzos.*

❁ *Si una mujer le ofrece al hombre la ocasión
y le manifiesta su amor, él la seducirá.*

Las formas en que una mujer muestra su amor son
las siguientes:

❁ *Se dirige a él primero.*

❁ *Lo encuentra en lugares apartados.*

❁ *Le habla con voz temblorosa.*

❁ *Le sudan las manos.*

❁ *Su rostro irradia placer.*

❁ *Lo roza involuntariamente.*

❁ *Se queda inmóvil.*

❁ *Busca su cercanía.*

❁ *Permite que él le acaricie el cabello.*

❁ *Lo vuelve a buscar sin que él se de cuenta.*

Siempre que el hombre intente seducir a una mujer,
debe ser el primero en acercarse a ella. Le insinuará
algunas proposiciones amorosas, y si ve que ella no
muestra desagrado, seguirá adelante sin temor alguno.

Una mujer que al primer encuentro muestra sus
deseos, podrá ser seducida con facilidad.

Toda mujer y hombre, aunque al principio de una relación oculten sus intenciones; tarde o temprano podrán ser víctimas de la seducción.

IV

De los deberes de una intermediaria

Si una mujer ha manifestado su amor o su deseo y luego evita al hombre, éste debe recurrir a los servicios de una intermediaria.

Ahora bien, está mujer debe tener las siguientes "cualidades":

- *Conocer la intriga*
- *Facilidad de palabra*
- *Ser observadora*
- *Mensajera confiable*
- *Conciliadora*
- *Tener una imagen materna*

Vatsyayana nos habla de las diferentes clases de intermediarias:

- *La que se involucra totalmente en el asunto.*
- *La que se involucra a medias.*

- *La que sólo es mensajera.*
- *La que actúa por su propia cuenta.*
- *La que es mayor.*
- *La que es casada.*
- *La que calla todo.*
- *La que hace el papel del viento.*

Una intermediaria, por su habilidad para convencer, puede acercar a un hombre a una mujer, aún cuando la mujer no hubiera pensado en ello.

También puede hacer que vuelva una mujer a un hombre que, por una causa u otra, se haya separado de ella.

V

De la seducción de las personas de la corte

Los reyes y ministros no tienen acceso a las moradas de los ciudadanos y, además, su forma de vida es vigilada y observada por el pueblo.

Las personas que tienen un cargo elevado deben evitar cometer en público cualquier acto que se les pueda reprochar.

Algunos funcionarios pueden seducir a las aldeanas con una simple petición.

Cuando al rey le gusta una mujer la invitará a palacio, le mostrará todas las cosas interesantes: la terraza de plantas trepadoras, la casa del jardín con su piso incrustado de piedras preciosas, la glorieta de racimos de uva, el pabellón sobre el agua, los pasajes secretos, las pinturas, los animales de caza, las aves y las jaulas de los tigres. Luego, estando a solas con ella, le hablará de amor y le dirá que todo lo que ocurra será un secreto entre ellos.

Si la mujer acepta la oferta, la recompensará con hermosos regalos dignos del rey y, después la despedirá con grandes muestras de afecto.

Toda la seducción se debe realizar en palacio; un rey, jamás debe penetrar en la casa de un ciudadano, los riesgos son demasiados.

Hay unos versículos que tratan sobre este tema:

"La seducción utilizada por un rey para con las mujeres de otros, no debe ser puesta en práctica, ya que, el rey, sólo debe buscar el bienestar de su pueblo. Un rey que triunfa sobre sus deseos, se convierte en amo del mundo entero".

VI

De las mujeres del harén y la mujer propia

Las mujeres del harén real están tan estrechamente vigiladas que no pueden verse ni citarse con ningún hombre, por lo cual se entregan entre ellas al placer de otros modos, tal como a continuación se describe.

Visten con ropas masculinas a las hijas de sus nodrizas, o amigas o sirvientas, y luego buscan satisfacer sus deseos por medio de bulbos, raíces y frutos que tienen forma de *linga*, o yacen sobre la estatua de una figura masculina con la *linga* visible y erecta.

Algunos reyes, compadecidos, toman o se aplican ciertas medicinas que les permiten gozar de varias esposas durante una noche, aunque por propio deseo no lo hubiesen hecho. Los hay que sólo gozan de las mujeres que les agradan, mientras hay otros, que sólo las poseen cuando llega el turno de cada esposa.

Con la complicidad de sus sirvientas, las damas del harén real generalmente reciben en sus apartamentos a hombres disfrazados o vestidos como mujeres.

Sus sirvientas y las hijas de sus nodrizas, que están familiarizadas con sus secretos, se esfuerzan por introducir hombres en el harén de este modo, hablándoles de la fortuna que les aguarda, o describiéndoles las facilidades para entrar y salir del palacio, de sus grandes dimensiones, de la negligencia de los centinelas y de la condescendencia de la servidumbre hacia las esposas del rey.

Pero estas mujeres no deben inducir a un hombre a entrar en el harén contándoles falsedades, ya que esto probablemente los conduciría a su perdición.

La entrada de hombres jóvenes en el harén, o su salida, generalmente tiene lugar cuando se sacan o se introducen cosas en palacio, cuando se celebran festivales en los que se bebe, cuando las sirvientas están atareadas, cuando alguna de las esposas reales cambia de residencia, cuando las esposas del rey van a jardines o ferias, cuando regresan de ellos a palacio o, finalmente, cuando el rey se encuentra ausente con motivo de una larga peregrinación.

Las mujeres del harén real conocen mutuamente sus secretos y, como sólo tienen un propósito, se ayudan entre sí.

Un hombre joven, que disfrute de todas y sea compartido por todas, puede continuar haciéndolo mientras guarde discreción y esto no trascienda.

Así actúan las esposas ajenas.

Por estas razones, un hombre debe vigilar a su propia esposa.

Los seguidores de *Babhravya* dicen que un marido debe inducir a su esposa a relacionarse con una mujer joven, la cual le informará acerca de los secretos de otra gente y la castidad de su propia esposa.

Pero *Vatsyayana* dice que las personas malvadas siempre tienen éxito con las mujeres, y que un hombre no debe exponer a su inocente esposa a la corrupción facilitándole la compañía de una mujer mentirosa y desvergonzada.

Estas son las causas que destruyen la castidad de una mujer:

- ❀ *Exceso de vida social.*
- ❀ *Falta de moderación.*
- ❀ *Las costumbres disipadas de su marido.*
- ❀ *Falta de cautela en sus relaciones con otros hombres.*
- ❀ *Largas y reiteradas ausencias de su marido.*
- ❀ *Vivir en un país extranjero.*
- ❀ *Destrucción de su amor y sus sentimientos hacia su marido.*
- ❀ *La compañía de mujeres licenciosas.*
- ❀ *Los celos de su marido.*

También existen los versículos siguientes relacionados con el tema:

"Un hombre hábil, que haya aprendido de los *shastras* las maneras de seducir a las esposas de otros, nunca será engañado por las propias.

Sin embargo, nadie debe hacer uso de esas maneras para seducir a las esposas de otros, porque no siempre tienen éxito y además con frecuencia causan desastres y la destrucción del *dharma* y el *artha*. Este libro, cuyo propósito es el bienestar de la gente y enseñarles los

medios para guardar a sus propias esposas, no debe
usarse con la mera finalidad de conquistar a las esposas
de otros."

> *"¿Qué es su mirada? Fuego que no quema.*
> *¿Qué es su mejilla? Un prado de hermosura.*
> *¿Qué es su boca? ¡Pregunte a quien supiera*
> *donde está la fuente de la vida!"*

Samprayogika

"Cruel llega ella a mi jardín: Toda ella un paraíso. Rosas son sus mejillas, peras y granadas sus pechos, miel y rocío de luz su cuerpo todo."

I

De las clases de unión sexual

Los hombres se dividen en tres clases: el hombre-liebre, el hombre-toro y el hombre-caballo, según las dimensiones de su *linga*.

La mujer, según la profundidad de su *yoni*, es una mujer-cierva, una mujer-yegua o una mujer-elefanta.

De esto se desprende que existen tres uniones iguales entre personas cuyas dimensiones se corresponden, y seis uniones desiguales cuando las dimensiones no se corresponden, o sea, nueve en total.

Las uniones consideradas iguales son: liebre-cierva, toro-yegua y caballo-elefanta. Las uniones desiguales son: liebre-yegua, liebre-elefanta, toro-cierva, toro-elefanta, caballo-cierva y caballo-yegua.

En estas uniones desiguales, cuando el hombre excede a la mujer en tamaño, su unión con la mujer más próxima a él en tamaño se llama unión alta y es de dos clases, mientras su unión con la mujer más alejada de él en tamaño se llama unión más alta y es de una sola clase.

Por el contrario, cuando la mujer sobrepasa al hombre en tamaño, su unión con el hombre más próximo a ella en tamaño se llama unión baja y es de dos clases, mientras su unión con el hombre más alejado de ella en tamaño se llama unión más baja y es de una sola clase.

En otras palabras, el caballo y la yegua, y el toro y la cierva, forman la unión alta, mientras el caballo y la cierva forman la unión más alta.

Desde el punto de vista femenino, la elefanta y el toro, y la yegua y la liebre, forman uniones bajas, mientras la elefanta y la liebre forman la unión más baja.

Hay por tanto nueve clases de uniones según las dimensiones. Entre todas ellas, las mejores son las iguales, y las peores las de grado superlativo, es decir, las más altas y las más bajas. Las otras son de calidad media, y las altas mejores que las bajas.

Hay también nueve clases de uniones según la fuerza de la pasión o deseo carnal. Tres de ellas son iguales, cuando ambos sienten pasiones débiles, medianas o intensas. Las desiguales son: débil-mediana, débil-intensa, mediana-débil, mediana-intensa, intensa-mediana e intensa-débil.

Se dice de un hombre que su pasión es débil cuando en el momento de la unión sexual su deseo no es muy vivo, su semen poco abundante y no puede corresponder a los cálidos abrazos de la mujer.

A los que difieren de este temperamento se les llama hombres de pasión mediana, mientras aquellos de pasión intensa están llenos de deseo.

Del mismo modo, se supone que las mujeres tienen los tres grados de pasión ya mencionados.

Por último, según la duración, hay tres clases de hombres y de mujeres: los de breve, moderada y larga duración.

De ésta, igual que en las clasificaciones anteriores, resultan nueve clases distintas de unión.

Pero en este último apartado las opiniones sobre la mujer difieren.

Auddalika dice: "Las mujeres no eyaculan como los hombres. Los hombres simplemente sacian su deseo, mientras las mujeres, a causa de su conciencia del deseo, experimentan un cierto tipo de placer que les procura satisfacción, aunque les resultaría imposible describir el tipo de placer que experimentan. Esto se pone de manifiesto en el hecho de que el hombre, en la unión sexual, se autoexcluye tras la eyaculación, quedando satisfecho, cosa que no ocurre con la mujer."

Esta opinión ha sido objetada en la suposición de que, si el hombre es de larga duración, la mujer lo amará más, pero se sentirá insatisfecha si es de breve duración, y esta circunstancia, según algunos, probaría que la mujer también eyacula.

Pero esta opinión también es objetable, puesto que si la mujer requiere mucho tiempo para mitigar su deseo, y durante este tiempo experimenta gran placer, resultaría natural que desease prolongarlo, y existe un versículo sobre este punto que dice:

"La lujuria, el deseo o la pasión de las mujeres se satisfacen mediante su unión con los hombres, y el placer derivado de la conciencia de ello constituye su satisfacción."

Los seguidores de *Babhravya*, por su parte, dicen que el esperma de las mujeres mana desde el principio de la unión sexual hasta su fin, y resulta lógico que así sea, puesto que si ellas carecieran de esperma no habría embrión.

Aquí hay otra objeción. Al principio de la unión sexual la pasión de la mujer es mediana, y ella no puede soportar el vigoroso empuje de su amante, pero su pasión se acrecienta gradualmente hasta que deja de pensar en su cuerpo y desea que la unión sexual concluya.

Sin embargo, esta objeción carece de solidez, ya que incluso en las cosas ordinarias que giran con mucha fuerza, como un torno de alfarero o una pirinola, el movimiento al principio es lento, pero gradualmente se hace muy rápido.

Del mismo modo, la pasión de la mujer va creciendo gradualmente hasta que, una vez derramado el esperma, siente el deseo de cesar la unión sexual.

Sobre esto hay un versículo que dice: "La eyaculación del hombre se produce sólo al final de la unión sexual, mientras la mujer eyacula continuamente, y cuando ambos han concluido de eyacular desean que la cópula concluya."

Vatsyayana opina que hombre y mujer eyaculan del mismo modo.

Es posible que alguien se pregunte: si hombres y mujeres son seres de la misma clase, y viven por obtener lo mismo, ¿por qué deben cumplir funciones tan distintas?

Vatsyayana considera que esto es así porque tanto las formas de funcionamiento como la conciencia del placer son diferentes en los hombres y en las mujeres.

La diferencia entre las formas de funcionamiento, por las cuales los hombres son actores y las mujeres personas sobre las cuales se actúa, se debe a la naturaleza del macho y de la hembra, ya que de otro modo la persona que actúa podría ser la persona sobre la cual se actúa, y viceversa. Y de esta diferencia en las formas de funcionamiento surge la diferencia en la conciencia del placer, puesto que un hombre piensa: "Esta mujer está unida a mí", y una mujer piensa: "Yo estoy unida a este hombre."

Podría alegarse que, si las formas de funcionamiento en los hombres y en las mujeres son diferentes, ¿por qué no habría de existir una diferencia en el placer que experimentan, que es el resultado de esas formas?

Pero esta objeción carece de sentido, puesto que si la persona actuante y la persona sobre la cual se actúa son de diferentes clases, existe una razón para que difieran en sus formas de funcionamiento, pero no hay razón para que sea diferente el placer que experimentan, ya que, como es lógico, ambos derivan su placer del acto que realizan.

Sobre esto se podría decir que, cuando diferentes personas se ocupan de una misma tarea, descubrimos que alcanzan el mismo fin o propósito, mientras, por el contrario, en el caso de hombres y mujeres, cada cual alcanza el suyo por separado, y esto es ilógico.

Pero éste es un error, porque vemos que a veces dos cosas son hechas al mismo tiempo, como en la pelea de carneros, en la cual ambos reciben el golpe en sus cabezas al mismo tiempo. Lo mismo ocurre al arrojar una manzana contra otra, y también en un combate de luchadores.

Si se dice que en estos casos las cosas empleadas son de la misma clase, puede responderse que, incluso en el caso de hombres y mujeres, la naturaleza de las dos personas es la misma.

Y como la diferencia sólo es de conformación, se deduce que los hombres experimentan la misma clase de placer que las mujeres.

Sobre esto también hay un versículo que dice:

"Al ser hombres y mujeres de una misma naturaleza, experimentan la misma clase de placer, y por tanto un hombre debiera casarse con una mujer que lo ame eternamente."

Demostrado así que el placer de hombres y mujeres es de la misma clase, se infiere que, respecto a la duración, hay nueve clases de unión sexual, del mismo modo que hay nueve conforme a la fuerza de la pasión.

Puesto que existen nueve clases de unión según las dimensiones, la fuerza de la pasión y la duración de la unión sexual, las combinaciones entre ellas producirán innumerables clases de unión.

En consecuencia, en cada clase particular de unión sexual los hombres debieran emplear los medios que juzguen más adecuados para la ocasión.

Cuando se realiza la unión sexual por primera vez, la pasión del hombre es intensa y su duración breve, pero en las uniones subsiguientes en el mismo día, se da el caso inverso. Con la mujer ocurre lo contrario, puesto que la primera vez su pasión es débil y su duración larga, pero en las uniones subsiguientes en el mismo día, su pasión es intensa y su duración breve, hasta quedar plenamente satisfecha.

II

De las diferentes clases de amor

Los hombres versados en humanidades opinan que el amor puede ser de cuatro clases:

* *Amor adquirido por costumbre.*
* *Amor que resulta de la imaginación.*
* *Amor que resulta de la fe.*
* *Amor que resulta de la percepción de objetos externos.*

El amor resultante de la ejecución constante y continuada de un acto determinado se llama *"amor adquirido por costumbre"*, como son, por ejemplo, el amor por las relaciones sexuales, el amor por la caza, el amor por la bebida, el amor por el juego, etc.

El amor que se siente por cosas a las que no estamos acostumbrados, y que procede enteramente de las ideas, se llama *"amor que resulta de la imaginación"*, como por ejemplo el amor que algunos hombres, mujeres y eunucos sienten por el *auparishtaka* o unión bucal, o el que todos sentimos por cosas tales como abrazar, besar, etc.

El amor mutuo y que ha probado ser verdadero, cuando cada cual mira al otro como si fuera él mismo, ha sido llamado por los sabios *"amor que resulta de la fe"*.

El *"amor que resulta de la percepción de objetos externos"* es bastante evidente y conocido por todo el mundo, puesto que el placer que proporciona es superior al placer de otras clases de amor, que existen sólo gracias a éste.

Lo dicho en este capítulo a propósito de la unión sexual bastará para el hombre instruido, pero para instrucción del ignorante, ahora se tratará del mismo más extensa y detalladamente.

III

Del abrazo

Esta parte del *Kama Sutra*, que trata de la unión sexual, se llama también *Chatushashti* (sesenta y cuatro).

Algunos autores antiguos dicen que se llama así por constar de sesenta y cuatro capítulos.

Otros opinan que el autor de esta parte fue una persona de nombre *Panchala*, y asimismo la persona que declamaba la parte del *Rig Veda* llamada *Dashatapa*, que contiene sesenta y cuatro versículos y también se llama *Panchala*, por lo cual se dio el nombre "sesenta y cuatro" a esta parte de la obra en honor de los *Rig Vedas*.

Los discípulos de *Babhravya* dicen, por el contrario, que esta parte consta de ocho temas: abrazo, beso, rasguño con las uñas o dedos, mordisco, acostarse, hacer sonidos diversos, desempeñar el papel de un hombre y la unión bucal.

Como cada uno de estos temas puede ser de ocho clases, y ocho multiplicado por ocho son sesenta y cuatro, esta parte recibió el nombre "sesenta y cuatro".

Pero *Vatsyayana* afirma que esta parte trata también sobre los temas siguientes: golpes, llanto, acciones del hombre durante la unión sexual, tipos diversos de unión sexual y otros, y que el nombre "sesenta y cuatro" le fue conferido por azar.

Sea como fuere, ahora se tratará de la parte "sesenta y cuatro" y, para empezar nos ocuparemos del primer tema, el abrazo.

El abrazo, que indica el mutuo amor de un hombre y una mujer que se han unido, es de cuatro clases.

* *De contacto*
* *De penetración*
* *De frotamiento*
* *De opresión*

En cada caso, la acción está determinada por el significado de la palabra con que se le designa.

Cuando un hombre, con cualquier pretexto, está delante o al lado de una mujer y toca su cuerpo con el suyo, esto se llama *"abrazo de contacto."*

Esto puedo tomarse como el inicio de la relación, ya que la pareja está consciente de que el juego amoroso debe ser más intenso. No se encuentran desnudos todavía y permanecen de pie. Han iniciado el acercamiento, y saben que está en juego la fase más importante de la unión sexual.

Cuando en algún lugar solitario la mujer se inclina, como si fuera a recoger algo, y por así decirlo, con sus pechos penetra a el hombre sentado o de pie, y éste a su vez los roza, esto se llama *"abrazo de penetración."*

El lugar solitario puede ser el dormitorio, el cuarto de baño o cualquier otra estancia intima. Es ella la que toma la iniciativa, al encender la pasión que él se cuidará de intensificar para que la llama no se apague en ningún momento.

Estas dos clases de abrazos sólo se dan entre personas que aún no se hablan con entera libertad.

Cuando dos amantes pasean juntos lentamente, ya sea en la oscuridad o por algún lugar frecuentado o solitario, y sus cuerpos se frotan entre sí para comunicarse sus deseos, se llama *"abrazo de frotamiento."*

Podemos imaginar el sendero de un jardín, que cuenta con la sombra cómplice de los árboles. Pero también puede ser el interior de una casa, donde se está celebrando una fiesta, hasta que los amantes deciden alejarse del bullicio para buscar un lugar más privado, ya que conocen lo mucho que se atraen.

Cuando, en ocasión semejante a las anteriores, uno de ellos oprime el cuerpo del otro contra una pared o una columna, se llama *"abrazo de opresión."*

Los dos siguen vestidos y de pie. Ella puede apoyar su cabeza en el pecho de él, con lo que el abrazo adquiere una mayor intensidad. Permanecen tan juntos que sus corazones parecen compartir hasta los latidos, lo mismo sucede con sus respiraciones. No necesitan emplear palabras, ya que su comportamiento es de lo más elocuente. La pasión continúa como un fuego que revitaliza en lugar de destruir.

Estos dos últimos abrazos son propios de quienes conocen mutuamente sus intenciones.

En el momento del encuentro, se emplean las cuatro clases siguientes de abrazos:

- *Jataveshtitaka, o el abrazo de una enredadera.*
- *Vrikshadhirudhaka, o la subida a un árbol.*
- *Tila-tandulaka, o la mezcla de granos de sésamo y de arroz.*
- *Shiraniraka, o el abrazo de leche y agua.*

Cuando una mujer se aferra a un hombre como una enredadera se enlaza a un árbol, y éste inclina su cabeza sobre la suya con intención de besarla mientras emite levemente el sonido *"sut sut"*, y ella lo abraza mirándolo amorosamente, esto se llama *"el abrazo de una enredadera."*

Volvemos a comprobar que es la mujer quien inicia las fases amoroso-sexuales. Y como es algo más baja que el hombre, necesita "agarrarse para trepar", o acaso para forzar a que él se agache lo suficiente. No hay duda de que siguen encontrándose de pie, aunque ya se han desprendido de las ropas. Los sonidos *"sut sut"* deben interpretarse como todos ésos que surgen de unas gargantas excitadas por la pasión.

Cuando una mujer, tras haber colocado uno de sus
pies sobre el pie de su amante y el otro sobre uno de
sus muslos, pasa uno de sus brazos por su espalda y
el otro por sus hombros mientras emite levemente
sonidos de canción y arrullo, se llama *"el abrazo de la
subida al árbol."*

Ella progresa en la unión, cada vez más apasionada. El canturreo que pretende arrullar pueden ser palabras de estímulo o peticiones para incrementar la fuerza. De nuevo se aprecia la diferencia de estatura entre los dos amantes, lo que obliga a que la mujer deba "subir" para recibir el beso.

Cuando los amantes estando en el lecho, se abrazan tan estrechamente que los brazos y muslos de uno están circundados por los brazos y muslos del otro, y se frotan, por así decirlo, contra ellos, esto se llama *"el abrazo como la mezcla de granos de sésamo y de arroz."*

Con este abrazo la conjunción de la pareja ha adquirido tanta intensidad, que exige culminación. En la unión sexual se desconocen las prisas, y se da por hecho que la lentitud en el proceso amoroso-sexual ayudará a lograr unos resultados más satisfactorios.

Cuando una pareja se ama violentamente y, sin pensar en el daño o el dolor, se abrazan como si sus cuerpos quisiesen penetrarse, mientras la mujer está sentada sobre las rodillas del hombre, o bien enfrente de él o sobre un lecho, esto se llama *"el abrazo como una mezcla de leche y agua."*

Es la antesala de la unión sexual, ese momento crucial del entendimiento de la pareja que les permitirá llegar a la culminación de sus deseos.

Babhravya nos ha relatado de este modo las ocho clases mencionadas de abrazos.

Suvarnanabba nos ofrece además cuatro formas de abrazar miembros simples del cuerpo:

- ❀ *El abrazo de los muslos*
- ❀ *El abrazo del jaghana, la parte del cuerpo comprendida entre el ombligo y los muslos*
- ❀ *El abrazo de los pechos*
- ❀ *El abrazo del rostro*

Cuando uno de los amantes oprime violentamente uno o ambos muslos del otro entre los suyos, esto se llama *"el abrazo de los muslos."*

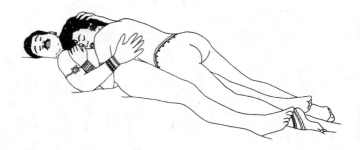

Nos encontramos con una actividad complementaria, que puede gozarse antes o después de la unión sexual. Pero si se realiza en el instante que se ha tomado contacto, se ayudará a que todo el proceso resulte más profundo y controlado.

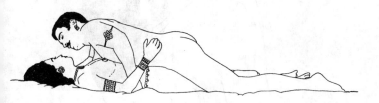

Cuando el hombre oprime el *jaghana* o parte media del cuerpo de la mujer contra su propio cuerpo y monta sobre ella, ya sea para arañarla, morderla, golpearla o besarla, y la mujer tiene el cabello suelto y alborotado, esto se llama *"el abrazo del jaghana."*

Es la unión y se invita a acompañarla con arañazos, besos, mordiscos y algo más: el cabello de ella. Este, debe ofrecerse suelto y colgando, aunque también podría

encontrarse extendido sobre la almohada, invitando a
que se le dedique toda una gama de caricias.

Cuando un hombre coloca su pecho sobre los senos
de una mujer y la oprime contra él, esto se llama *"el
abrazo de los pechos."*

Nos encontramos con un abrazo que puede realizarse en distintos momentos. Esto para que resulte más
excitante se toma como una especie de juego-desafío,
donde cada uno comprueba hasta qué punto sus
pezones resisten el frotamiento.

Cuando uno de los amantes roza la boca, los ojos y la frente del otro con la suya, esto se llama *"el abrazo del rostro."*

Rozar es besar tiernamente. Cualquiera de los amantes considera este acto como una prueba de amor, al dar idea de que todo el cuerpo es deseado. Por lo general se efectúa antes de la unión sexual, aunque hay hombres que lo realizan durante el mismo, al sentirse dominados por una especie de exaltación del amor que sienten por la mujer que le proporciona tanto goce.

Como se puede deducir, *Vatsyayana* y los demás autores hindús que intervinieron en la escritura del *Kama Sutra* pretendieron, al ritualizar los momentos del encuentro de la pareja, dejar claro que ni un solo minuto puede abandonarse a la rutina o "a lo que salga.".

Sin olvidar la espontaneidad, entendieron que se estaba gozando de un instante excepcional, por lo que merecía un estudio minucioso de sus características.

Algunos dicen que incluso el masaje es una clase de abrazo, puesto que en él se rozan los cuerpos, pero *Vatsyayana* opina que el masaje se realiza en otro momento y con una finalidad distinta, y como también es de un carácter diferente no puede ser incluido entre los abrazos.

Hay también unos versículos sobre el tema, que dicen:

"Todo el tema del abrazo es de una naturaleza tal que los hombres que preguntan, oyen o hablan sobre él sienten de inmediato un deseo de goce.

En el momento del goce sexual, deben practicarse incluso aquellos abrazos no mencionados en el *Kama Sutra* pero que de algún modo conducen a un aumento del amor o la pasión.

Las reglas del *Shastra* se aplican cuando la pasión del hombre es mediana, pero una vez en movimiento la rueda del amor no existen ya *Shastra* ni orden.".

IV

Del beso

Algunos dicen que no existen orden ni momento determinados entre el abrazo, el beso y la presión o rasguño con las uñas o los dedos, pero generalmente todas estas cosas deben hacerse antes de la unión sexual, mientras golpes y emisión de sonidos diversos corresponden al momento de la unión.

Sin embargo, *Vatsyayana* opina que cualquier cosa puede hacerse en cualquier momento, puesto que en el amor no hay tiempo ni orden.

En ocasión de la primera unión, los besos y las otras cosas mencionadas deben usarse moderadamente. No deben continuarse durante largo rato y deben hacerse alternativamente.

No obstante, en las ocasiones siguientes puede ocurrir lo contrario y la moderación resultar innecesaria. Pueden continuar durante largo rato y ser usadas todas simultáneamente, a fin de excitar la pasión.

Los lugares para besar son los siguientes: la frente, los ojos, las mejillas, el cuello, el pecho, los senos, los labios y el interior de la boca.

La gente de *Lat* besa también en los siguientes lugares: las junturas de los muslos, los brazos y el ombligo, pero *Vatsyayana* opina que, aunque el beso en los lugares mencionados sea usado por esta gente conforme a la intensidad de la pasión, no resulta aconsejable para todos por igual.

La boca, los labios, la sensibilidad y la práctica pueden conseguir que un hombre y una mujer aprendan a besarse. Existen pocos contactos físicos tan eficaces como los besos.

Dado que no sólo basta con el simple apoyo de una boca contra otra, la utilización de los brazos, la lengua, el aliento, la saliva y hasta la respiración, pueden transformar el contacto en un momento inolvidable, en puro éxtasis que pedirá la relación sexual más intensa.

Con ella podemos morder, lamer, chupar, succionar, absorber y...

En el caso de una muchacha joven, hay tres clases de besos:

- ❁ *El beso nominal*
- ❁ *El beso palpitante*
- ❁ *El beso tocante*

Cuando una joven toca la boca de su amado con la suya, pero sin hacer nada, esto se llama *"el beso nominal."*

Cuando una joven, dejando a un lado su timidez, desea tocar el labio apresado en su boca, y con este propósito mueve su labio inferior pero no el superior, esto se llama *"el beso palpitante."*

Cuando una joven toca el labio de su amado con la lengua y, con los ojos cerrados, pone sus manos sobre los de su amante, esto se llama *"el beso tocante."*

Otros autores describen otras cuatro clases de besos:

- *El beso directo*
- *El beso inclinado*
- *El beso girado*
- *El beso oprimido*

Cuando los labios de los dos amantes se ponen en contacto directo entre sí, esto se llama *"el beso directo."*

El contacto total significa que los dos están desnudos, tan cerca que se rodean los cuerpos con los brazos o entrelazan los muslos. Beso de frente, que puede intensificarse al abrir las bocas para que se toquen las lenguas hasta producirse el intercambio de alientos.

Cuando las cabezas de ambos amantes están inclinadas una hacia la otra y, en tal posición, se besan, esto se llama *"el beso inclinado."*

Puede considerarse el beso más común, acaso el que mayor dulzura ofrece. Otra forma de aproximación. Lo normal es que se efectúe estando los dos vestidos, aunque puede realizarse en el instante de llegar a la cama, como si fuera el punto de arranque de la unión sexual.

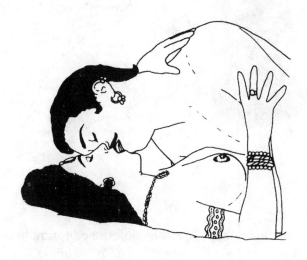

Cuando uno de ellos gira la cara del otro, sosteniéndola por el mentón, para besarlo, esto se llama *"el beso girado."*

Quien toma la iniciativa está diciendo que desea algo más, porque se halla dispuesto a entregarse por completo. Como no estamos describiendo un simple romance, ha de significar un estímulo más dentro de la unión sexual.

Por último, cuando el labio inferior es oprimido con mucha fuerza, esto se llama *"el beso oprimido."*

La entrega más absoluta, que va a propiciar que todo se incremente; los abrazos, la proximidad de los cuerpos, la necesidad de buscar la posición horizontal u otra forma de acomodo: acaso mantenerse apoyados en la pared o sentados en una silla. Siempre persiguiendo un contacto que convierta los dos cuerpos en "uno solo."

Existe asimismo una quinta clase de beso llamada *"el beso fuertemente oprimido"*, en el cual se coge el labio inferior entre dos dedos y, tras haberlo tocado con la lengua, se le oprime fuertemente con los labios.

Todos estos no son realmente besos, son más bien considerados como preludios eróticos del beso.

En cuestión de besos, puede jugarse a ver quién apresa antes los labios del otro. Si la mujer pierde, simulará llorar, apartará a su amante agitando sus manos, le volverá la espalda y discutirá con él diciéndole: "Intentémoslo otra vez."

Si pierde por segunda vez, simulará sentirse afligida y, cuando su amante esté distraído o dormido, tomará su labio inferior entre sus dientes para que no pueda escapar y se echará a reír, hará fuertes ruidos, se mofará, bailará en torno suyo y dirá cuanto se le antoje de manera burlona, enarcando sus cejas y girando sus ojos.

Estos son los juegos y disputas concernientes al beso, pero también aplicables a la opresión o rasguño con las uñas y los dedos, al mordisco y a los golpes. Sin embargo, estos últimos son privativos de hombres y mujeres de pasión intensa.

Cuando un hombre besa el labio superior de una mujer mientras ella, a su vez, besa su labio inferior, esto se llama *"el beso del labio superior."*

Este beso puede ser más sensual si se alternan el labio superior e inferior de la pareja.

Cuando uno de ellos toma ambos labios del otro entre los suyos, esto se llama *"el beso apretado"*, aunque hay que advertir que las mujeres sólo practican esta clase de beso con un hombre sin bigote.

Como casi todos los besos, este beso se puede dar estando los dos sentados de pie o acostados.

Y si al dar este beso, uno de los amantes toca con su lengua los dientes, la lengua y el paladar del otro, esto se le llama *"el combate de la lengua"*. Se puede practicar, de la misma manera, la presión de los dientes del uno contra la boca del otro.

El beso es de cuatro clases: moderado, contraído, apretado o suave, según las partes del cuerpo que se besen, puesto que las diferentes clases de besos resultan apropiadas para diferentes partes del cuerpo.

Cuando una mujer besa el rostro de su amante mientras duerme, y lo hace para mostrar su intención o deseo, esto se llama *"el beso que aviva el amor."*

La mujer se acerca al hombre, mientras éste se halla dormido, le mira a la cara y, luego, le besa en la boca con un fuego muy intenso. Con esto provocará que él despierte lleno de deseo.

Después del primer encuentro, cuando los dos se han entregado al descanso, ella puede levantarse y sentirse de nuevo excitada.

El hecho de mirar la cara del amado se recomienda para observar si da muestras de cansancio, y en el caso de que su respiración fuera tranquila, se le despierta con ese beso indicador de que se desea seguir gozando.

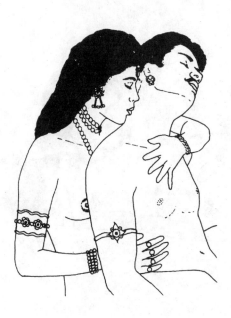

Cuando una mujer besa a su amante mientras éste está ocupado trabajando, o disputando con ella o distraído con otra cosa, de manera que pueda distraer su atención, esto se llama *"el beso que distrae."*

Un medio eficaz de reconciliación, frente a esa posible riña, o de ofrecer una tregua al amado que no encuentra una solución en su trabajo. También se puede aprovechar para disfrutar de la unión sexual, aunque para que esto suceda es aconsejable desnudar al amado muy despacio, masajearle los hombros o el vientre y, si se considera necesario, estimularlo. Todo con suma delicadeza, sin dar sensación de que apremia el desenlace.

Cuando un amante vuelve a casa a altas horas de la noche y besa a su amada, que yace dormida en su lecho, para mostrarle su deseo, esto se llama *"el beso que despierta."*

Posa sus labios en los de ella con el propósito de encontrar la satisfacción que tanto necesita, y al aparentar, ella, que sigue durmiendo, lo hará con el fin de que él siga insistiendo con sus besos, debido a que de esta forma conocerá sus verdaderos propósitos y, a la vez, se hará merecedora del respeto propio de una amante fiel.

Cuando una persona besa el reflejo de la persona que ama en un espejo, en el agua o sobre un muro, esto se llama *"el beso que muestra la intención."*

Cuando una persona besa a un niño sentado sobre sus rodillas, o un dibujo, o una imagen o figura en presencia de la persona amada, esto se llama *"el beso transferido."*

Cuando por la noche en el teatro, o en una reunión de su propia casta, un hombre pasa ante una mujer y le besa un dedo de la mano si está de pie, o un dedo del pie si está sentada, o cuando una mujer, al masajear el cuerpo de su amante, pone su cara sobre su muslo (como si estuviera dormida) con el fin de inflamar su pasión, y besa su muslo o dedo gordo del pie, esto se llama *"el beso demostrativo."*

❋ Besos en el cuerpo

En los textos hindús se aconseja al hombre que intente trazar con sus besos un sendero circular alrededor de los senos; pero, en el caso de que apreciara un súbito endurecimiento de los pezones, lo más acertado sería olvidar por un tiempo este tipo de caricias.

Puede llegar al ombligo y, procurando no acercarse demasiado al *yoni*, ascender con los besos hasta las pantorrillas.

Si llegara a introducirse en la boca un dedo de los pies femeninos, advertiría cómo ella le ve invadida por una serie de escalofríos de gozo. Ha de chupar con delicadeza los pies, dejando a un lado el empeine para no provocar las cosquillas.

Debe besar todo el cuerpo dando idea de que está gozando de una experiencia completa por sí misma. Lo normal es que desee pasar al sexo oral, cuando lo aconsejable es no precipitarse y continuar besando las zonas menos erógenas.

Nunca ha de olvidar que las mejores relaciones sexuales imponen una cierta paciencia, debido a que terminará incrementando la satisfacción de los dos amantes.

En cierto momento los besos deben irse aplicando en la espalda femenina, trazando líneas y arcos sobre y alrededor de la columna vertebral, hasta llegar a la zona baja.

Los besos en el cuerpo puede realizarlos la mujer con el hombre, casi siguiendo los mismos recorridos que acabamos de destacar.

El hombre que besa por vez primera los senos de la mujer que ama, aunque se considere un experto en este terreno, debe ser un gran observador. Cada mujer reacciona de una forma distinta a este tipo de estímulos, porque sabe que un simple roce ya le excita, mucho más si viene de alguien a quien desea. Hay que fijarse en qué momento comienzan a endurecerse los pezones, para cambiar los besos por succiones sobre éstos o unos mordisqueos muy tiernos.

Toda una combinación de ataques amorosos, en los que ella jugará su papel al ir diciendo lo que más le agrada.

En realidad sus jadeos, la alteración de su respiración y una serie de sonidos que broten de su garganta revelarán el grado de la exitación sexual que está alcanzando.

Ella también puede besar los pechos del hombre, al mismo tiempo que masajea el tórax, los hombros o el vientre.

Vatsyayana considera que los amantes más expertos necesitan pocos consejos, debido a que conocen las rutas a seguir en los cuerpos de sus parejas.

Por eso nunca se conforman con llevar a la práctica un método solo, como puede ser el beso, al preferir combinarlos con otros recursos. Por ejemplo, acompañarlo con la acción de lamer, chupar... y absorber.

A medida que se avanza en el preámbulo sexual, los besos han de dar paso a la lengua humedecida de saliva, a los labios que necesitan lamer y chupar o a los dientes, los cuales persiguen el mordisco en ese punto del placer que va a incendiar el fuego más gozoso.

Hay también un versículo sobre este punto, que dice:

"Cualesquiera que fuesen las cosas hechas por uno de los amantes al otro, si la mujer lo besa, él a su vez la besará; si ella lo golpea, él deberá devolver el golpe."

V

De la opresión, marca o rasguño con las uñas

Cuando el amor se vuelve más intenso, se practica la opresión o rasguño con las uñas, y puede hacerse en las siguientes ocasiones: durante la primera visita, al prepararse para un viaje, al regresar de un viaje, en el momento en que un amante enfadado se reconcilia y, finalmente, cuando la mujer padece una intoxicación.

Pero la opresión con las uñas no es habitual, excepto para aquellos intensamente apasionados.

La emplean, junto con el mordisco, aquellos a quienes su práctica resulta agradable.

La opresión con las uñas es de ocho clases, según las marcas que produce:

- *Sonora*
- *En media luna*
- *En círculo*
- *En línea*
- *En garra de tigre*
- *En paso de pavo real*
- *En salto de liebre*
- *En hoja de loto azul*

Los lugares que deben oprimirse con las uñas son los siguientes: la axila, el cuello, los senos, los labios, el *jaghana* o parte media del cuerpo y los muslos.

Pero *Suvarnanabha* opina que, cuando el ímpetu de la pasión es excesivo, pueden arañarse todos los lugares del cuerpo.

Según su tamaño, las uñas son de tres clases:

- *Pequeñas*
- *Medianas*
- *Grandes*

Las uñas pequeñas, que pueden usarse de diversas maneras, pero sólo con el objeto de proporcionar placer, son propias de la gente de los territorios del sur.

Las uñas grandes, que dan encanto a las manos y, por su aspecto, atraen los corazones de las mujeres, son propias de los bengalís.

Las uñas medianas, que deben tener las propiedades anteriores, son propias de la gente de Maharashtra.

Las buenas uñas deben tener las siguientes cualidades: estar bien dispuestas y ser brillantes, limpias, enteras, convexas, suaves y pulidas.

Cuando se oprime el mentón, los senos, el labio inferior o el *jaghana,* con tal suavidad que no deja marca ni rasguño, y sólo el vello del cuerpo sufre una erección por el toque de las uñas, esto se llama una *"presión sonora con las uñas".*

Esta presión se usa en el caso de una jovencita cuando su amante la masajea, acaricia su cabeza y quiere turbarla o asustarla.

La marca curvada impresa sobre el cuello y los senos se llama de *"media luna".*

Cuando las medias lunas quedan impresas una frente a otra, esto se llama un *"círculo".*

Esta marca con las uñas se hace generalmente sobre el ombligo, las pequeñas cavidades en torno a las nalgas y las junturas de los muslos.

Una marca en forma de pequeña línea, que puede hacerse en cualquier parte del cuerpo, se llama de *"línea"*.

Esta misma línea, cuando es curva y queda marcada sobre el pecho, se llama *"de uña de tigre"*.

Cuando se deja una marca curva sobre el pecho empleando las cinco uñas, esto se llama *"de paso de pavo real"*.

Esta marca se hace con el fin de recibir un elogio, puesto que se requiere gran destreza para hacerla correctamente.

Cuando se hacen cinco marcas con las uñas, cerca del pezón del pecho y próximas entre sí, esto se llama *"de salto de liebre"*.

Una marca hecha sobre el pecho o las caderas en forma de hoja de loto azul se llama *"de hoja de loto azul"*.

Cuando una persona va a emprender un largo viaje y deja una marca sobre el pecho o las caderas, esto se llama una *"señal de recuerdo"*. En tales casos, se imprimen tres o cuatro líneas próximas entre sí.

Aquí concluyen las marcas con las uñas.

Pueden hacerse otras clases de marcas además de las ya mencionadas, ya que los autores antiguos dicen que, así como los grados de destreza entre los hombres son innumerables (todo el mundo conoce la práctica de este arte), también son innumerables las maneras de hacer estas marcas.

Y como la opresión o marca con las uñas depende del amor, nadie podría decir con certeza cuántas clases de marcas con las uñas existen realmente.

Vatsyayana dice que esto es así porque, del mismo modo en que la variedad es necesaria en el amor, el amor se alcanza por medio de la variedad.

Por este motivo resultan tan deseables las cortesanas que están familiarizadas con las diversas formas de complacer, puesto que si la variedad es deseable en todas las artes y entretenimientos, como el tiro con arco y otros, mucho más deseable debiera resultar en este caso.

No debe marcarse con las uñas a las mujeres casadas, aunque podrían dejarse marcas ocultas en sus partes íntimas como recuerdo para aumentar su amor.

También hay unos versículos sobre el tema, que dicen:

"El amor de una mujer que ve las marcas de las uñas en las partes íntimas de su cuerpo, incluso cuando son antiguas y están casi borradas, recobra novedad y frescura.

Si no hubiese marcas de uñas para recordar a una persona los pasos que se dieron durante la unión sexual, entonces el amor disminuiría, como ocurre cuando no existe el acto amoroso durante un largo tiempo."

Incluso cuando un extraño ve de lejos a una
muchacha con marcas de uñas en su pecho siente amor
y respeto por ella. También un hombre portador de
marcas de uñas y dientes en algunas partes de su cuerpo
influye en el ánimo de una mujer, aunque ésta preserve
su firmeza. En resumen, nada tiende a aumentar tanto
el amor como los efectos de las marcas hechas con las
uñas y los dientes.

VI

Del mordisco y de las formas de emplearlo

Todos los lugares pueden ser besados, y también
todos los lugares pueden ser mordidos, con excepción
del labio superior, el interior de la boca y los ojos.

Las cualidades de los buenos dientes son las
siguientes: deben ser iguales, de un brillo agradable,
aptos para ser coloreados, de proporciones adecuadas,
intactos y aguzados en las puntas.

Por el contrario, los dientes defectuosos son los que
sobresalen de las encías, romos, irregulares, flojos,
grandes y disparejos.

Las clases de mordiscos son las siguientes:

* *El mordisco oculto*
* *El mordisco turgente*

- *El punto*
- *La línea de puntos*
- *El coral y la joya*
- *La línea de joyas*
- *La nube rota*
- *El mordisco del jabalí*

El mordisco perceptible sólo por el enrojecimiento de la piel mordida se llama *"el mordisco oculto."*

Cuando la piel es oprimida por ambos lados, esto se llama *"el mordisco turgente."*

Cuando se muerde una pequeña porción de la piel con sólo dos dientes, esto se llama *"el punto."*

Cuando sólo se muerde una pequeña porción de la piel con todos los dientes, esto se llama *"la línea de puntos."*

Cuando para morder se unen los dientes y los labios, esto se llama *"el coral y la joya."* El coral es el labio y los dientes, la joya.

Cuando se muerde con todos los dientes, esto se llama *"la línea de joyas."*

El mordisco consistente en elevaciones irregulares que forman un círculo y han sido producidas por la separación entre los dientes, esto se llama *"la nube rota."* Se imprime sobre los senos.

La mayoría de las parejas que disfrutan al morder evitan lastimar la piel, prefieren sólo succionar con la intención de dejar una marca como símbolo de posesión.

La mordida que pretende levantar la piel en los espacios que hay entre los dientes y no lastimar, tiene el mismo propósito.

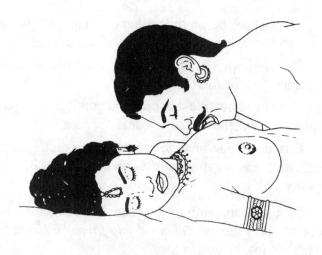

El mordisco consistente en varias hileras gruesas de marcas, próximas unas a otras y con intervalos rojizos, se llama *"el mordisco del jabalí."*

Se imprime sobre los senos y los hombros. Estas dos últimas modalidades de mordisco son propias de las personas de pasión intensa.

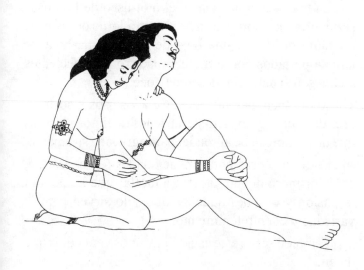

El labio inferior es el lugar apropiado para marcar el *"mordisco oculto"*, el *"mordisco turgente"*, y el *"punto"*, y la mejilla para el *"mordisco turgente"* y *"el coral y la joya"*.

Beso, opresión con las uñas y mordisco son los adornos de la mejilla izquierda, y cuando se emplee la palabra mejilla debe entenderse que se trata de la mejilla izquierda.

La *"línea de puntos"* y la *"línea de joyas"* juntas deben imprimirse en el cuello, la axila y las junturas de los muslos, pero la *"línea de puntos"* sola debe imprimirse sobre la frente y los muslos.

La marca con las uñas y el mordisco de las cosas siguientes: un adorno de la frente, un adorno de la oreja, un ramo de flores, una hoja de betel o una hoja de tamala portados por la mujer amada, o pertenecientes a ella, son señales del deseo de goce.

Ahora bien, hay que atenerse a los usos y costumbres de cada región en materia de los distintos placeres que un hombre debe aprender para agradar a su amante.

Entre las cosas antes mencionadas (abrazo, beso, etc.), primero deben hacerse aquellas que aumentan la pasión y después aquellas que sólo sirven para la variedad y el entretenimiento.

También sobre este asunto hay unos versículos que dicen:

"Cuando un hombre muerde a una mujer con violencia, ella debiera corresponderle furiosa con doble fuerza.

Así a un *punto* responderá con una *línea de puntos*, a una *línea de puntos* con una *nube rota*, y si ella quedase excesivamente escoriada, comenzará de inmediato una disputa amorosa.

En ese momento, tomará a su amante por el pelo, lo forzará a inclinar la cabeza, lo besará en el labio inferior y luego, intoxicada de amor, cerrará los ojos y lo morderá en diversas partes.

Incluso de día y en un lugar de reuniones públicas, al mostrarle su amante cualquier marca que ella pueda haberle infligido en su cuerpo, sonreirá al verlo y, volviendo su rostro como si fuese a regañarle, le mostrará con aspecto enfadado las marcas que él haya podido dejar en su propio cuerpo.

De este modo, si hombres y mujeres actúan conforme a su deseo, su mutuo amor no disminuirá, aunque transcurran cien años.''

> *"Besar tus ojos es embriagarse con almizcle. Impregnada de olor es tu piel. Abrazarte es sentir el desmayo, el de rama de sauce que al viento y al aguacero se doblega. Besar tu boca es quedar ebrio, sin haber probado el vino. Cuando amanece la belleza se mira en el espejo y se declara esclava de tu hermosura."*

Kanya Sampayuktaka

"Si toco su cuerpo me estremezco y todo mi ser se vuelve frenético. ¿Ver su cuerpo todo qué me causará? La limpidez del agua y el oro de la luz lo entretejieron."

I

De los diversos tipos de unión

En una unión sexual alta la mujer *mrigi* (cierva) ha de acostarse de tal forma que su *yoni* se ensanche.

Por el contrario, en una unión baja la mujer *hastini* (elefanta) lo hará de modo que el suyo se contraiga.

Pero en una unión igual ambos deben recostarse en la misma posición.

Lo dicho sobre la *mrigi* y la *hastini* se aplica también a la mujer *vadawa* (yegua).

En una unión baja la mujer ha de usar alguna droga para que su deseo pueda satisfacerse rápidamente.

La mujer-cierva tiene tres maneras de acostarse:

* 🏵 *La posición muy abierta*
* 🏵 *La posición abierta*
* 🏵 *La posición de la mujer de Indra*

La posición muy abierta

Cuando la mujer mantiene la cabeza hacia atrás y eleva la parte media de su cuerpo con el fin de que su *yoni* reciba la *linga*, esto se llama *"la posición muy abierta"*.

En esta posición, el hombre ha de tomar las mayores precauciones para entrar con suavidad, debido a lo fácil que le resultaría introducirse por completo. Esto tal vez ocasionaría un cierto dolor en ella, a pesar de que su *yoni* se encontrará bien lubricado, gracias al largo preámbulo anterior.

La mujer tiene al hombre arrodillado y entre sus piernas. Lo aconsejable es que los dos se tomen de las manos en los inicios de la unión sexual, para efectuar unos balanceos. Esta posición permite los besos y la caricia de los pechos, lo mismo que otras partes del cuerpo. Como ella en un momento dado tendrá que levantar los glúteos, esto permitirá que su *yoni* reciba unas frotaciones más intensas.

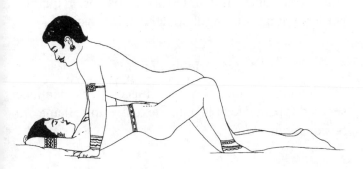

Una buena base (ella)

Dispondrá de la mejor base en las palmas de las manos y en las rodillas.

A pesar de que mantenga la posición dominante, puede utilizar sus muslos, al bajar o subir las piernas, para aumentar la intensidad de las penetraciones.

Vencerse hacia delante (él)

Con el simple hecho de llevar el cuerpo hacia delante, a la vez que se sujetan las manos femeninas, se manejará la unión.

Una tarea conjunta

La función de los dos será conceder una mayor calidad a la unión sexual, sobre todo si ella mantiene sus piernas bien separadas. Realizar el acto amoroso con los ojos abiertos demuestra que los dos no quieren perderse ni un sólo segundo del mágico instante.

La posición abierta

Cuando la mujer eleva sus muslos y los mantiene separados para iniciar la unión sexual, esto se llama *"la posición abierta."*

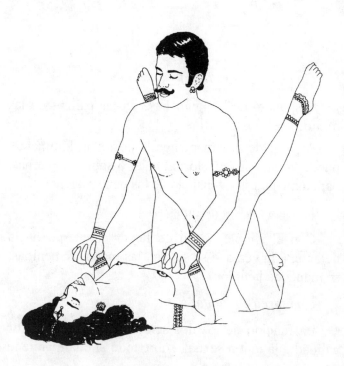

En este caso él se encuentra semirrecargado, como si quisiera ser apresado por las piernas femeninas.

Lentamente, va dejando resbalar sus rodillas hacia atrás, al mismo tiempo que vence el cuerpo sobre el pubis de la amada, a la que pronto dedicará una unión de largos recorridos, ya que cuenta con el apoyo que le brindan sus manos y sus rodillas.

Colocación de los pies (ella)

Levantará los pies hasta situarlos a la altura de la cabeza de él. También cuidará de que las pantorrillas rocen los brazos masculinos; mientras, la espalda encuentra el mejor apoyo para ayudar en la unión.

La posición de Indra

Cuando la mujer coloca sus muslos, con las piernas dobladas sobre ellos, a sus lados, esto se llama *"la posición de Indra"*, y se aprende sólo con la práctica.

Al colocar la mujer sus piernas recogidas, de tal manera que la zona alta de las rodillas presionen sus pechos, y dado que estará elevando su trasero, facilitará que su *yoni* quede totalmente expuesto a la *linga*, cuyo portador estará de rodillas tomándola por las caderas. La posición de la esposa de Indra ha de ser realizada después de un largo preámbulo amoroso, con el fin de que la mujer pueda ofrecer un *yoni* bien lubricado.

De no tomarse esta precaución, ella sufriría grandes dolores al recibir la *linga* casi en su totalidad y en una primera embestida.

Flexionando las rodillas (ella)

Flexionará las rodillas de tal manera que las pantorillas y la parte trasera de sus muslos se junten.

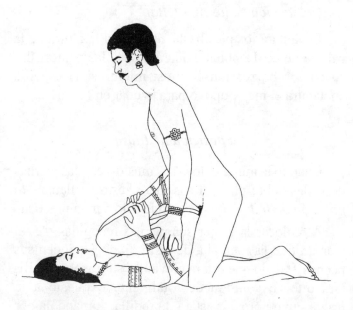

Esta posición también resulta útil en la unión más alta, junto con *"la posición de apresamiento"*, *"la posición de enlazamiento"* y *"la posición de la yegua."*

La posición de apresamiento

Cuando las piernas de ambos, hombre y mujer, se extienden unas sobre otras, esto se llama *"la posición de apresamiento"* y es de dos clases: la posición de lado y la posición de espalda.

En la posición de lado, el hombre debe acostarse sobre su costado izquierdo y la mujer sobre el derecho.

Caricias mutuas

Una posición relajada como ésta propicia las caricias mutuas en la cara y en el cuerpo.

La posición de apresamiento de espaldas

Cuando, tras haber iniciado la unión sexual en la posición de apresamiento, la mujer aprieta al hombre con sus muslos, esto se llama *"la posición de apresamiento de espaldas"*.

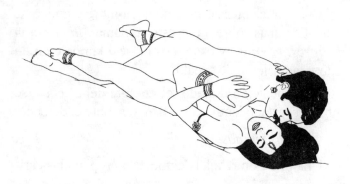

Esto se considera más un abrazo que una posición para realizar la unión sexual, no obstante, las piernas entrelazadas dan una sensación de intimidad.

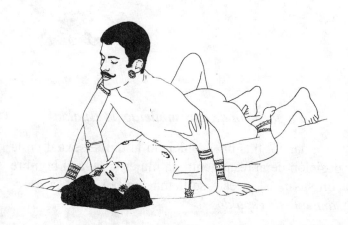

La posición de enlazamiento

Cuando la mujer cruza uno de sus muslos sobre el muslo de su amante, esto se llama *"la posición de enlazamiento"*.

En esta posición, la mujer atrapa los muslos de su amante con los propios para presionar su *yoni* contra su *linga* erecta.

Cuanto más presionen ambos sus miembros entre sí, será mayor la sensación y el placer amoroso.

Abrazo de piernas (ella)

Presionara su pierna contra la parte trasera del muslo de él para acercarlo mientras la penetra.

La posición de la yegua

Cuando, tras la penetración, la mujer aprieta su *yoni* con pasión para retener la *linga,* y lo hace estando de rodillas sobre las piernas del hombre, que se ha sentado detrás de ella con las manos echadas hacia atrás, esto se llama *"la posición de la yegua".*

Vuelve a ser femenino el dominio, porque se ha cuidado ella de introducirse la *linga* en su *yoni*; al mismo tiempo, se balancea ligeramente hacia atrás y hacia delante, con lo que su cabello es una cortina de deseo, en la que se envuelve el rostro masculino.

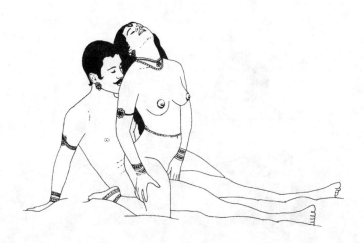

De nuevo nos encontramos con una posición propia de grandes amantes, que ya se han encontrado varias veces y conocen las posibilidades de sus cuerpos, pero no las de sus partes íntimas.

La mejor postura (ella)

Se deja caer hacia atrás buscando la mejor postura, para que él la bese en los hombros y en los brazos, a la vez que le acaricia el cabello.

La lengua inquieta (él)

La posición exige tal esfuerzo que puede provocar el brote de algunas gotitas de sudor, que la lengua inquieta puede absorber con los labios y, luego, iniciar un recorrido de besos.

Las citadas son las diferentes formas de acostarse mencionadas por *Babhravya*, aunque *Suvarnanabha* añade las siguientes:

La posición elevada

Cuando la mujer extiende ambos muslos y los levanta, esto se llama *"la posición elevada"*.

Ella levanta las piernas al máximo, hasta dejar los talones sobre los hombros de su amante; y a la vez, queda a merced de las penetraciones, consciente de que resultarán más profundas.

Puede darle ánimos con frases apasionadas. Mientras tanto, él habrá recogido los pies femeninos para sostenerlos casi a la altura de las rodillas.

Será el momento de dar comienzo a una entrada continua, sin dejar de presionar sus muslos sobre los tibios glúteos de ella.

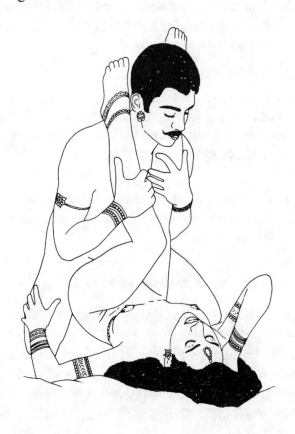

Esta posición le permite a él realizar infinidad de caricias complementarias, que pueden ir desde introducirse en la boca los dedos de los pies femeninos, hasta masajear esas piernas que han quedado a su disposición.

Presionado su linga (ella)

La colocación de las piernas permite que la *linga* quede bien presionada dentro de su *yoni*, con lo que sus desplazamientos serán muy ajustados.

La fuerza de la unión (él)

La postura permite efectuar una unión muy fuerte; sin embargo, existe el riesgo de que la *linga* se salga en cualquiera de las embestidas. Esto lo evitará ella apretando sus glúteos sobre la pelvis de él.

La posición abierta

Cuando levanta ambas piernas y las coloca sobre los hombros de su amante, esto se llama *"la posición abierta"*.

Ella siente tanto fuego que levanta sus piernas para dejarlas sobre los hombros masculinos, intensificando al máximo el frotamiento de las penetraciones.

Como él permanece de rodillas, con el cuerpo semierguido, toma las rodillas femeninas, para efectuar las penetraciones de arriba a abajo, muy despacio.

Antes se han cuidado ambos de someterse al dulce juego de las caricias, para lograr que la *yoni* se encuentre perfectamente lubricada.

Sólo de esta manera las embestidas resultarán muy gozosas para ambos.

En ningún momento deben olvidar que cuentan con unas manos y unas bocas, que han de tomar contacto con todo lo que se encuentra a su alcance.

Esta postura combina la mayor penetración con el elemento erótico derivado de las piernas de la mujer en alto.

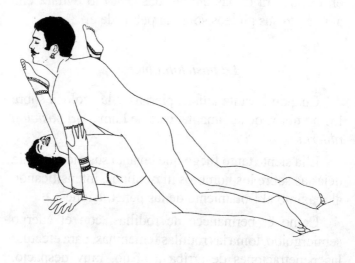

Sirviéndose de los pies (ella)

Se puede servir de las plantas de los pies para recorrer el tórax masculino, al mismo tiempo que acaricia con los dedos y los talones.

Masaje a las piernas femeninas (él)

Las piernas femeninas se hallan a su disposición, por lo que se debe masajear las rodillas, los pies y lo demás, sin dejar de presionar hacia uno. Las caricias sobre los muslos femeninos se deben realizar con la misma cadencia de las penetraciones.

La posición de opresión

Cuando las piernas están contraídas, y el amante las toma así contra su pecho, esto se llama *"la posición de opresión"*.

La mujer flexiona las piernas y lleva los muslos hasta su pecho, colocando las plantas de los pies en el pecho de su amado.

Las sensaciones para ambos serán diferentes. Ella asume una postura sumisa, él, es el poderoso.

Masajes y caricias (él)

Con delicadeza estrujar y masajear los tobillos y el empeine de los pies de ella. Se debe encontrar la profundidad adecuada y controlar la fuerza de penetración para no causar dolor en el *yoni* reducido.

Los dedos y los muslos (ella)

Debe empujar las plantas de sus pies contra el pecho de él y presionar con los dedos. Las caricias en los muslos de él con la mano deben mantener un ritmo similar a sus embestidas.

Esta posición puede crear emociones excitantes subconscientes en ambos, al pemitir que la mujer se sienta vulnerable y el hombre protector.

La posición de opresión media

Cuando la mujer extiende sólo una de sus piernas, esto se llama *"la posición de opresión media"*.

La mujer estira una pierna hacia afuera, al costado de su amante, y flexiona la otra colocando la planta del pie en el pecho de él.

Como está posición cierra su *yoni*, el hombre debe tener cuidado de no acometer con demasiada fuerza.

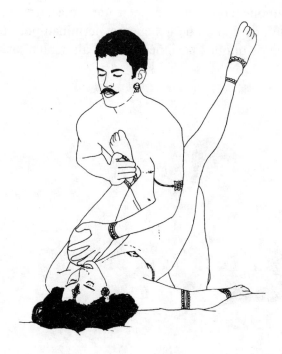

La posición del bambú hendido

Cuando la mujer coloca una de sus piernas sobre el hombro de su amante y extiende la otra y continúa haciéndolo alternativamente, esto se llama *"la posición del bambú hendido"*.

Se puede intercambiar las piernas de una forma alternativa, siempre cuidando de que no se interrumpa la unión. Esta posición requiere mucha experiencia por parte de ambos.

Supone como una especie de "maestría en el Kama", debido a que los cuerpos terminan por verse tan juntos que las acciones de uno alimentan las del otro.

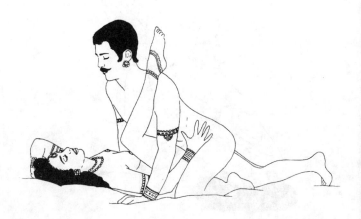

Se aconseja utilizar las frases más amorosas, así como no ahorrarse los gemidos y los demás ruidos que añaden otras cargas eróticas.

Favorecer la penetración (él)

Lleva su cuerpo hacia delante para favorecer la penetración. No se debe olvidar acariciar los senos con una mano, mientras se sigue apoyándose en la otra.

La colocación de un clavo

Cuando coloca una de sus piernas sobre la cabeza y extiende la otra, esto se llama "la colocación de un clavo", y se aprende sólo con la práctica.

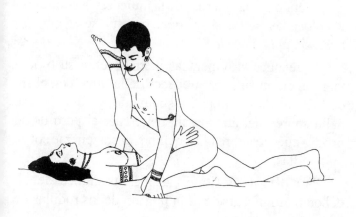

Ella ha adquirido tanta maestría que es capaz de llevar una de sus piernas a la altura de su propia cabeza. Esto permite que su *yoni* reciba toda la *linga*.

En el *Kama Sutra* se considera que el talón de la pierna femenina levantada debe golpear ligeramente sobre la frente del amado, como si le dijera que debe manejar su *linga* igual que un martillo, el cual estuviera hundiendo un clavo en la *yoni*.

Desplazamientos de la pierna (ella)

Con los desplazamientos de esa pierna que se mantiene alzada, se logrará controlar la presión de la unión y, a la vez, se evitará cualquier frotación dolorosa.

La posición del cangrejo

Cuando ambas piernas de la mujer están contraídas y colocadas sobre su estómago, esto se llama "la posición del cangrejo".

Al recoger la mujer, las piernas sobre su propio vientre, cierra su *yoni* alrededor de la *linga* con el fin de brindar mayor placer a su amado, ya que éste se halla sobre ella, aunque sin dejar caer el peso de su propio cuerpo sobre el femenino, al sostenerse sobre las rodillas.

Para llevar el ritmo, las penetraciones de él, deberán armonizarse con la presión de las rodillas de ella contra su pecho.

Como si estuvieran bailando

La unión se realiza mejor siguiendo una cadencia casi musical, lo que le convierte en el baile de una pareja bien compenetrada.

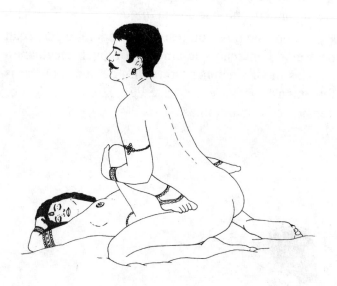

La posición del loto

Cuando las piernas están colocadas una sobre otra, se llama *"la posición del loto"*.

Esta posición es una otra de las muchas variantes del "hombre encima". Los amantes realizan la unión estando materialmente abrazados. Además, la mujer se cuida de doblar sus piernas, una sobre la otra, todo lo que sea capaz, con el fin de que su *yoni* quede bien expuesto a la entrada de la *linga*, cuyas embestidas alcanzarán niveles muy profundos.

Al imitar la mujer esta postura del yoga, su *yoni* se eleva para encontrarse con la *linga*.

Como esta posición resulta agotadora, en especial para ella, conviene que ambos la relajen efectuando algunas modificaciones, con el fin de que las piernas femeninas puedan extenderse de vez en cuando por debajo de las masculinas.

La posición giratoria

Cuando un hombre se vuelve durante la unión y goza de la mujer sin abandonarla, mientras ella continúa abrazándolo todo el tiempo, esto se llama *"la posición giratoria"*, y sólo se puede aprender con la práctica.

La mujer ayuda al mantener abrazado a su amante. Nos encontramos en una de las escasas posiciones del *Kama Sutra*, en la que es él quien lleva el mando.

Cuando se produce toda la magia erótico-sensual es en el instante que el hombre comienza a girarse.

Lo puede hacer buscando que sus piernas queden entrelazadas con las femeninas, las cuales le ayudan a disponer de unas mejores palancas para mejorar la unión.

Porque lo esencial es que ésta no se interrumpa en ningún momento.

Conviene que cada uno de los giros básicos se efectúen lentamente, a la vez ambos se conceden unos minutos para disfrutar de las distintas fases.

Es lógico que la posición giratoria sólo pueda ser realizada, en su totalidad, por unos amantes muy expertos, capaces de retener el orgasmo durante un largo periodo que puede llegar a los veinte minutos.

Todo un prodigio para el hombre, ya que durante este tiempo ha de mantener la erección.

Un buen apoyo (él)

Se debe contar con buenos apoyos, tanto en las manos como en las piernas, para no dejar caer el peso del cuerpo sobre el de ella.

Primera fase

Es el hombre quien efectúa el giro, para demostrar que puede realizarlo sin que su *linga* se salga de la *yoni*.

En el momento que se coloca en la posición invertida, con los dos amantes teniendo la cabeza a la altura de los pies del otro, es cuando se detiene para saborear el instante.

Al mismo tiempo, las manos femeninas no cesarán de acariciar, para animar a que el juego continúe.

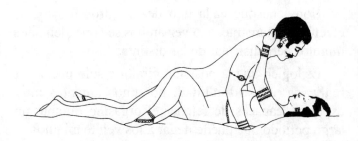

Segunda fase

Los dos amantes vuelven a quedar en la posición normal, lo que supone que él ha dado un giro de ciento ochenta grados, sin perder la penetración.

Ambos se ayudan entrecruzando las piernas, con el fin de mostrar lo mucho que se desean.

La separación de las piernas debe responder a la necesidad de que la *linga* no se salga de la *yoni*. Esto se aprenderá con la práctica.

A lo largo de esta secuencia de movimientos, él necesitará apoyarse sobre los brazos y retirar su pecho del cuerpo de ella.

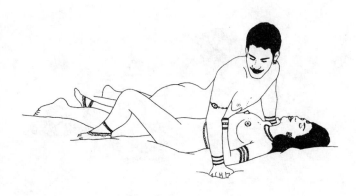

Tercera fase

En otro instante del giro, el hombre se coloca formando una especie de cruz respecto al cuerpo de la mujer, es decir, con las manos y las rodillas apoyadas en la sábana o en los blandos cojines y montando, sin dejar caer el peso de su cuerpo, sobre el vientre y los muslos de la amada.

Dejar hacer (ella)

La quietud es una forma de dejar hacer; sin embargo, ayudará mejor a que la penetración no se interrumpe manteniendo la *yoni* apretada.

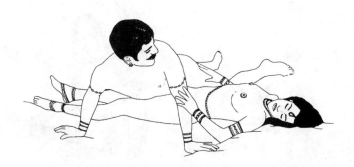

Cuarta fase

Finalmente, el giro concluye cuando la pareja ha vuelto a la postura invertida, luego de encontrarse con las cabezas a la altura de los pies del otro. El termina con el cuerpo entre los pies de ella y una pierna a cada lado de sus hombros.

En todo este sublime trajín sexual, la rotación de la *linga* dentro de la *yoni* resulta muy placentera, gracias a que consigue friccionar todas las paredes internas de la misma, debido a que, además, el placer que ella siente le fuerza a intentar cerrarse.

El alcanzar o no esta etapa sólo depende de la práctica.

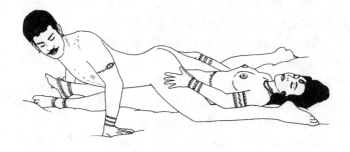

Suvarnanabha dice que estas maneras diferentes de acostarse, sentarse o estar de pie deben practicarse en el agua, puesto que resultará más fácil.

Pero *Vatsyayana* dice que la unión sexual en el agua es desaconsejable, ya que está prohibida por la ley religiosa.

La posición de apoyo

Cuando un hombre y una mujer se apoyan mutuamente en sus cuerpos, o contra un muro, y de este modo inician la unión de pie, esto se llama *"la posición de apoyo"*.

El hombre se encuentra apoyado en una pared. Al mismo tiempo, la mujer le abraza por el pecho y le rodea el muslo derecho con su pierna izquierda, pero apoyándose sobre el otro pie.

Como él la está sujetando por los glúteos, la acrobática postura ayuda a mejorar la unión.

Por lo general, estas posiciones se realizan en el cuarto de aseo, después de que los amantes se hayan bañado juntos.

Su excitación habrá alcanzado tales niveles, que no querrán esperar a estar en la cama.

Además, el hecho de satisfacerse en una forma tan original, les permitirá ser más eficaces a la hora de brindarse placer en busca del placer simultáneo.

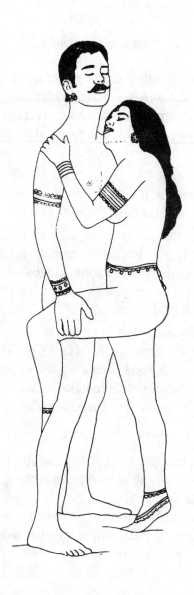

La posición suspendida

Cuando un hombre se apoya contra un muro y la mujer, sentada sobre sus manos enlazadas, lo abraza por el cuello, y apresando su cintura con los muslos se mueve mediante los pies, que tocan el muro contra el cual el hombre está apoyado, esto se llama la *"posición suspendida"*.

El hombre y la mujer se apoyan en el cuerpo del otro, sin que importe quien soporta el peso.

También él descansa la espalda en una pared encontrándose de pie. En este momento las piernas de ambos juegan un papel primordial, debido a que van a conseguir que se compensen las estaturas, en el caso de que exista mucha diferencia.

A la vez que doblan ligeramente las rodillas, sus muslos actuarán como medios de presión, al conseguir que la *linga* y la *yoni* mantengan una penetración fácil, que permitirá los obligados desplazamientos en el interior de la gruta del "fuego líquido".

Una buena compenetración (ella)

Si se deja caer parte del peso de su cuerpo sobre las plantas de los pies, que se apoyan en la pared, permitirá que él soporte un menor peso. Esto se llama una buena compenetración. Los muslos se encargan de actuar como palancas, debido a que ayudan a mejorar la calidad de las penetraciones.

Pronto llegará el orgasmo.

La estatura no es problema

Cualquier amante sabe que la diferencia de estatura no supone un problema, a pesar de que los dos se encuentren de pie y de frente.

El *Kama Sutra* ofrece distintas ayudas: utilizar cojines u otros elementos. Sin embargo, nos parece más oportuno servirse de las piernas, por medio de unas flexiones.

También ella puede levantarse sobre las puntas de los pies o servirse de los brazos para "trepar" por el cuerpo masculino.

La sujeción más activa (él)

Sujetarla para ajustar sus movimientos a los de él, dado que le corresponde el papel más activo.

Se llega hasta el fondo

Aunque parezca imposible, en las posiciones suspendida y de apoyo es cuando la *linga* llega con más facilidad al fondo de la *yoni*.

Todo esto se debe a un hábil manejo de los muslos y los pies.

La habilidad para jugar con las piernas, en todo el proceso de la unión estando de pie, permite mantener el equilibrio por grandes que sean los esfuerzos realizados.

La unión de la vaca

Cuando una mujer se apoya sobre pies y manos como un cuadrúpedo y su amante la monta como un toro, esto se llama *"la unión de la vaca"*.

La mujer adopta la posición de la vaca: boca abajo y con las palmas de las manos y los pies bien apoyados en el suelo. Esto permite que el hombre realice las penetraciones imitando a un toro.

En esta posición puede realizarse todo lo que anteriormente se ha practicado cuando los amantes se estaban mirando al tener sus cuerpos uno frente al otro.

La ventaja adicional que se logra ha de verse en que la *linga* efectúa la entrada por el umbral trasero con mayor facilidad, especialmente si ella empuja con sus glúteos, al mismo tiempo que abre los muslos.

Las manos masculinas deben avanzar hasta los pechos femeninos, que estimularán siguiendo la cadencia de las penetraciones, como en una doble danza. Se recomienda hablarse, sin silenciar los gemidos de placer y liberar todos los sonidos sexuales, igual que si estuvieran haciendo música con sus propios cuerpos.

Como una pareja de baile (él)

Las palabras de gozo funcionarán como la música que marca el ritmo del baile durante la posición del toro con la vaca. Pero será él quien lleve el ritmo al estar sujetando la cintura femenina.

Aporta la mejor base (ella)

Brindará la mejor base de acuerdo a como mantenga abiertas las piernas y los brazos mientras se halla
agachada.

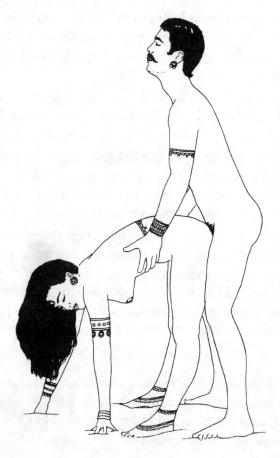

La posición del elefante

Vatsyayana escribió unos textos tan explícitos, que en muchos pasajes no le importó recurrir a los actos de los animales, con la intención de hacerse entender mejor.

Por otra parte, el elefante representaba en la India milenaria la fortaleza, la resistencia y, hasta cierto punto, la divinidad alcanzable a través de lo material.

En esta posición la mujer se extiende boca abajo sobre la cama o en unos blancos cojines, a la vez que el hombre se tumba sobre ella, pero apoyándose en sus manos y en sus rodillas. Estas las introduce entre las piernas femeninas.

Así iniciará las penetraciones, procurando mantener su vientre en contacto casi permanente con los glúteos amados.

La cadencia de la unión debe ser pausada; a la vez, ella se cuidará de apretar tiernamente su *yoni*, con el fin de ayudar a que la entrada por el "umbral trasero" resulte de lo más gozosa. Una vez que él la ha penetrado, ella puede intensificar las sensaciones al juntar sus muslos.

El sabio empleo de las manos (él)

Serán las manos las que impedirán, al contar con unos buenos apoyos, que ella reciba todo el peso del cuerpo de él. El acceso se realizará introduciendo la *linga* por entre sus muslos, hasta llegar a la *yoni*, en la que entrará con la mayor facilidad.

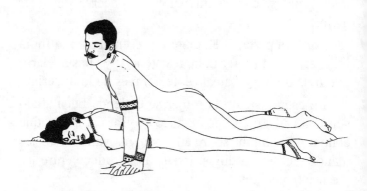

Del mismo modo puede realizarse la unión del perro, la unión de la cabra, la unión del ciervo, la unión del gato, el salto de un tigre, la presión de un elefante, el frotamiento del jabalí y la montura de un caballo o la montura violenta de un asno. En todos estos casos, deben manifestarse las características de estos diferentes animales comportándose como ellos.

Cuando un hombre goza de dos mujeres a la vez y ambas lo aman por igual, esto se llama *"la unión múltiple''*.

Cuando un hombre goza de varias mujeres a la vez, esto se llama *"la unión de un rebaño de vacas''*.

Pueden efectuarse también las siguientes clases de uniones, siempre imitando la conducta de estos animales: la unión de un elefante con varias elefantas, que al parecer siempre se produce en el agua, la unión de un rebaño de cabras o la unión de un rebaño de ciervos.

En Gramaneri, varios jóvenes gozan de una mujer uno después de otro o todos a la vez. Uno de ellos la sostiene, otro goza de ella, el tercero usa su boca, el cuarto coge su parte media y, de este modo, todos gozan de sus diversas partes alternadamnete.

Las mismas cosas pueden hacerse cuando varios hombres se hallan en compañía de una cortesana, o varias cortesanas en compañía de un solo hombre.

Esto último también suelen hacerlo las mujeres del harén cuando un hombre cae accidentalmente en sus manos.

Las gentes de los territorios del sur realizan también la penetración anal, llamada *"la unión oculta"*.

Así concluyen las diversas clases de unión sexual.

Hay dos versículos sobre el tema, que dicen:

"Una persona ingeniosa debe multiplicar las formas de unión tomando ejemplo de las diferentes clases de bestias y aves. Ya que las diferentes clases de uniones, realizadas según la costumbre de cada región y el gusto de cada individuo, despiertan amor, amistad y respeto en los corazones de las mujeres".

II

De los diversos golpes y sonidos

Las relaciones sexuales son comparables a una querella, a causa de las contrariedades del amor y de su tendencia a degenerar en disputa.

El lugar para golpear con pasión es el cuerpo, y los lugares especiales son:

* *Los hombros.*
* *La cabeza.*
* *El espacio entre los senos.*
* *La espalda.*
* *El jaghana o parte media del cuerpo.*
* *Los costados.*

Hay cuatro formas de golpear:

* *Golpe con el dorso de la mano.*
* *Golpe con los dedos un poco contraídos.*
* *Golpe con el puño.*
* *Golpe con la palma de la mano abierta.*

Al causar dolor, los golpes originan el sonido siseante, que es de las ocho clases siguientes:

- *El sonido hin.*
- *El sonido del trueno.*
- *El sonido del arrullo.*
- *El sonido del llanto.*
- *El sonido phut.*
- *El sonido phal.*
- *El sonido sut.*
- *El sonido plat.*

Existen además palabras que tienen un significado, tales como "madre mía", y aquellas que expresan prohibición, suficiencia, deseo de liberación, dolor o alabanza, a lo cual pueden añadirse sonidos como los de las palomas, el cuclillo, la paloma verde, el loro, la abeja, el gorrión, el flamenco, el pato y la codorniz, todos los cuales pueden usarse ocasionalmente.

Los golpes con el puño deben aplicarse sobre la espalda de la mujer mientras está sentada sobre las rodillas del hombre, y ella debe devolver los golpes, como si estuviese furiosa, y emitir los sonidos del arrullo y el llanto.

Los golpes entre los senos deben aplicarse con el dorso de la mano mientras la mujer está realizando la unión sexual, con suavidad al principio, y luego con mayor ardor en proporción al aumento de la pasión hasta el final.

En este momento, pueden emitirse el sonido *hin* y otros, alternándolos, según el gusto.

Cuando el hombre emite el sonido *phat* y golpea a la mujer en la cabeza con los dedos de la mano un poco contraídos, esto se llama *prasritaka*, que significa golpe con los dedos de la mano un poco contraídos.

En este caso, los sonidos apropiados son el sonido *phat*, el sonido del arrullo, y el sonido *phut* en el interior de la boca, y al final de la unión los sonidos del suspiro y el llanto.

El sonido *phat* es una onomatopeya del sonido del bambú al quebrarse, mientras el sonido *phut* es como el que hace una cosa al caer en el agua.

Siempre que la mujer comience a ser besada o algo semejante, replicará con un sonido siseante.

Cuando no esté habituada a los golpes, mientras dura la excitación, la mujer pronunciará continuamente palabras expresivas de prohibición, suficiencia o deseo de liberación, así como las palabras "¡padre mío!" y "¡madre mía!" intercaladas con los sonidos del suspiro, el llanto y el trueno.

Hacia la conclusión de la unión sexual, los senos, el jaghana y los costados de la mujer deben oprimirse con las palmas de las manos abiertas con cierta fuerza.

Cuando haya concluido la unión sexual es el momento de emitir sonidos entrecortados como los de la codorniz o los de la oca.

Hay también dos versículos sobre el tema, que dicen:

"Se considera que las características del sexo masculino son la rudeza y la impetuosidad, mientras la debilidad, la ternura, la sensibilidad y una inclinación a apartarse de las cosas desagradables serían las marcas distintivas del sexo femenino.

La excitación de la pasión y las peculiaridades de las costumbres pueden provocar la aparición de resultados contrarios, pero éstos no duran mucho tiempo y finalmente se retorna al estado natural".

Junto con los cuatro tipos de golpes, se pueden emplear la cuña en el pecho, la tijera en la cabeza, el instrumento de perforación en las mejillas y las pinzas en los senos.

Esto hace un total de ocho, pero estas cuatro formas de golpear con instrumentos son propias de las gentes de los territorios del sur, y pueden verse las marcas dejadas por ellos en los senos de sus mujeres.

Son peculiaridades locales, pero *Vatsyayana* opina que su práctica es dolorosa, bárbara, ruin e indigna de imitarse.

Así como las peculiaridades locales no tienen por qué ser adoptadas en otros lugares, ni siquiera en el lugar donde prevalecen, siempre deben evitarse sus excesos.

También hay dos versículos sobre el tema, que dicen:

"Sobre estas cosas no puede haber enumeración ni regla definida. Una vez iniciada la unión sexual, sólo la pasión regula los actos de los protagonistas".

Las acciones apasionadas y los gestos amorosos, o los movimientos nacidos de la excitación del momento y durante la unión, no pueden definirse y son tan irregulares como los sueños.

En el ardor de la unión, una pareja amorosa enceguece con la pasión y prosigue impetuosa, sin prestar la menor atención a los excesos.

Por esta razón, quien esté familiarizado con el arte de amar y conozca su propia fuerza, así como la ternura, impetuosidad y fuerza de la mujer joven, actuará conforme a ellas.

Las distintas formas de goce no son adecuadas para todas las ocasiones y personas, sino que deben emplearse en los momentos y lugares adecuados.

III

De las mujeres que hacen el trabajo del hombre

Cuando una mujer advierte que su amante se encuentra fatigado por una unión prolongada, sin haber conseguido satisfacer su deseo, obtendrá su permiso para colocarlo de espaldas y representar su papel. Esto también puede hacerlo para satisfacer la curiosidad de su amante o su propio deseo de novedad.

Hay dos modos de hacerlo.

Primero, cuando durante la unión sexual ella gira y se coloca sobre su amante para continuar sin haberla interrumpido.

Y segundo, cuando representa el papel del hombre desde el principio.

En este caso, con la cabellera suelta y adornada de flores, y la sonrisa anhelante, presionará el pecho del amante con sus propios senos y, bajando la cabeza con frecuencia, repetirá las mismas acciones ejecutadas antes por él, devolviendo sus golpes y diciendo:

"Tú me hiciste gozar y me cansaste con tus embestidas, y por tanto ahora yo haré lo mismo contigo".

Luego manifestará nuevamente su propia timidez, su fatiga y su deseo de concluir la unión.

De este modo realizará el trabajo del hombre.

Todo lo hecho por un hombre para proporcionar placer a una mujer se llama el trabajo del hombre y consiste en lo siguiente.

Mientras la mujer yace acostada sobre el lecho y, por así decirlo, se muestra abstraída por la conversación, aflojará los lazos de su ropa interior, y cuando comience a disputar, él la abrumará con sus besos.

Cuando su *linga* haya alcanzado la erección, la tocará en diversos lugares y manipulará suavemente diversas partes de su cuerpo.

Si la mujer es tímida, y es la primera vez que están juntos, el hombre colocará sus manos sobre sus muslos, que ella probablemente mantendrá cerrados, y si es una muchacha muy joven, debe primero posar sus manos sobre sus senos, bajo las axilas y en el cuello.

Si por el contrario se trata de una mujer madura, debe hacer lo más apropiado para la ocasión.

Después tomará su cabellera y su mentón con el propósito de besarla. En tal caso, si es una muchacha joven, se sentirá avergonzada y cerrará los ojos.

Como quiera que fuese, deberá deducir de las acciones de la mujer qué cosas podrían proporcionar un placer mayor durante la unión.

Suvarnanabha observa que, aunque un hombre haga a una mujer lo que se le antoje durante la unión, debe acordarse siempre de oprimir aquellas partes de su cuerpo hacia las cuales ella vuelve los ojos.

Las señales de goce y satisfacción de la mujer son las siguientes:

- *Su cuerpo se relaja.*
- *Sus ojos se cierran.*
- *Deja de lado toda vergüenza.*

❀ *Se muestra cada vez más deseosa de unir los dos órganos tanto como sea posible.*

Por otro lado, las señales de la ausencia de goce y fracaso para satisfacerse son las siguientes:

❀ *Agita sus manos.*
❀ *No permite al hombre incorporarse.*
❀ *Se siente afligida.*
❀ *Muerde al hombre.*
❀ *Lo patea.*
❀ *Continúa moviéndose después que el hombre ha concluido.*

En estos casos, el hombre friccionará el *yoni* de la mujer con su mano y sus dedos (como el elefante fricciona todo con su trompa) antes de iniciar la unión hasta que se humedezca, y luego procederá a introducir su *linga* en él.

Los actos que debe realizar el hombre son:

❀ *Avance.*
❀ *Fricción.*
❀ *Penetración.*
❀ *Frotamiento.*

- ❀ *Opresión.*
- ❀ *Dar un golpe.*
- ❀ *El golpe del jabalí.*
- ❀ *El golpe del toro.*
- ❀ *El juego del gorrión.*

Cuando los órganos entran en contacto directo, esto se llama *"avance"*.

Cuando toma la *linga* con la mano y se la revuelve en el interior del *yoni*, esto se llama *"fricción"*.

Cuando se baja el *yoni* y se golpea su parte superior con la *linga*, esto se llama *"penetración"*.

Cuando se hace lo mismo con la parte inferior del *yoni*, esto se llama *"frotamiento"*.

Cuando se presiona el *yoni* con la *linga* durante largo rato, esto se llama *"opresión"*.

Cuando se retira la *linga* a cierta distancia del *yoni* y luego se le golpea con fuerza, esto se llama *"dar un golpe"*.

Cuando se frota con la *linga* sólo una parte del *yoni*, esto se llama *"el golpe del jabalí"*.

Cuando se frotan ambos lados del *yoni*, esto se llama *"el golpe del toro"*.

Cuando la *linga* está en el *yoni* y se le mueve hacia arriba y abajo con frecuencia sin retirarla, esto se llama *"el juego del gorrión"*.

Esto se hace al final de la unión.

Cuando la mujer representa el papel del hombre, aparte de las nueve cosas mencionadas, puede hacer estas otras:

* *Las tenazas*
* *La peonza*
* *El balancín*

Las tenazas

Cuando la mujer atrapa la *linga* en su *yoni*, la absorbe, la oprime y la conserva así durante largo rato, esto se llama *"las tenazas"*.

La mujer se sienta sobre los muslos del hombre, el cual se encuentra acostado. Los dos se están mirando.

Como ella mantiene las piernas dobladas, cuenta con el apoyo de las rodillas y los pies, y así consigue manejar su *yoni* igual que una tenaza, capaz de cerrarse alrededor de la *linga* de la misma forma que si pretendiera ordeñarlo antes de tiempo.

Una perfecta regulación de los movimientos del cuerpo femenino, a lo que él ayudará tomándola por las caderas o por la cintura, lo que permite prolongar el goce y, lo más importante, retrasar la eyaculación.

La peonza

Si durante la unión comienza a girar como una rueda, esto se llama *"la peonza"*, y se aprende sólo con la práctica.

En el *Kama Sutra* se considera a la mujer como el elemento clave de la unión; sin embargo, jamás se discute la superioridad del hombre, a pesar de que sea ella quien soporte el peso de casi todas las acciones.

En *"la posición de la peonza"* lo que debe intentar la mujer es reactivar el deseo masculino, luego de una primera o segunda unión.

Lo que aconseja *Vatsyayana* es que el hombre permanezca acostado boca arriba, con las piernas bien extendidas y casi juntas.

La mujer se colocará a horcajadas sobre los muslos y el vientre de su amado, pero poniendo los pies de tal manera que le sirvan de apoyo. Esto le permitirá no dejar caer todo su peso sobre esas zonas, excepto su *yoni* al entrar en contacto con la *linga*.

Como se encontrará mirándole, al tomarle de las manos, poco a poco comenzará a girar el cuerpo igual que una danzarina, con el propósito de que su *yoni* fuerce a la *linga* a moverse como una peonza, y ya no se detendrá hasta terminar contemplando los pies de su amante.

Sujeción de cabalgada (ella)

Lo mismo que una amazona necesita unas riendas y una silla para no caer de la montura, se debe servir de las manos y de los pies para mantenerse sobre él.

El balancín

Cuando, en ocasión semejante, el hombre eleva la parte media de su cuerpo y la mujer hace girar la suya, esto se llama *"el balancín"*.

Sólo apta para una pareja fuerte, bien equilibrada de peso y que disponga de unos músculos entrenados.

Hemos de tener en cuenta que el hombre pasa a ser el soporte, al encontrarse sentado, con el cuerpo semierguido y los brazos completamente echados hacia atrás, para que las manos se apoyen en el colchón o en los blandos cojines.

Precisamente las manos cumplirán la función de soportes de la espalda, sobre la cual estará cayendo el peso del cuerpo femenino.

Como ella se encontrará de rodillas, acomodada en el vientre masculino, a la vez que se ha cuidado de introducir la *linga* en su *yoni*, al realizar los movimientos propios del balancín empuja con tanta fuerza, que llegaría a causar algún dolor a su amado de pesar mucho.

Claro que puede aligerar la presión si se deja caer sobre las palmas de sus manos, que descansarán en la sábana o en las piernas del hombre. Se recomienda una gran concentración.

Cuando la mujer está cansada, debe colocar su frente sobre la de su amante y descansar de esta manera sin perturbar la unión de sus partes íntimas, y una vez que la mujer ha descansado el hombre debe volverse y recomenzar la unión sexual.

Hay unos versículos sobre el tema, que dicen:

"Aunque una mujer sea reservada y mantenga ocultos sus sentimientos, al colocarse encima de un hombre debe manifestarle todo su amor y deseo. De las acciones de la mujer, un hombre deducirá cuál es su disposición y de qué modo desea ser gozada. No deben representar el papel de un hombre ni una mujer en estado de menstruación, ni una que haya dado a luz recientemente o una mujer embarazada".

IV

De el auparishtaka o sexo oral

Hay dos clases de eunucos, los que se disfrazan de hombres y los que se disfrazan de mujeres. Los eunucos disfrazados de mujeres imitan su indumentaria, habla, gesticulación, ternura, timidez, simplicidad, dulzura y cortedad.

Los actos ejecutados en el *jaghana*, o parte media de las mujeres, se realizan en la boca de estos eunucos, y esto se llama *auparishtaka*.

Estos eunucos derivan su placer imaginativo y su subsistencia de esta clase de unión y llevan la vida de las cortesanas. Esto por lo que concierne a los eunucos disfrazados de mujeres.

Los eunucos disfrazados de hombres mantienen ocultos sus deseos, y cuando desean algo llevan la vida de los masajistas.

Bajo el pretexto del masaje, un eunuco de esta clase abraza y atrae hacia sí los muslos del hombre al que masajea, y luego toca las junturas de sus muslos y su *jaghana* o porción central de su cuerpo.

Luego, si la *linga* del hombre sufre una erección, la oprime con sus manos y bromea sobre su estado. Si después de esto, y a sabiendas de su intención, el hombre ordena al eunuco que se detenga, éste continúa por su propia cuenta e inicia la unión. Por el contrario, si el hombre le ordena hacerlo, entonces discute con él y finalmente accede, aunque a regañadientes.

Tanto los eunucos como algunas mujeres hacen las siguientes ocho cosas, una tras otra:

- ❀ *La unión nominal.*
- ❀ *El mordisco en los costados.*
- ❀ *La opresión exterior.*
- ❀ *La opresión anterior.*
- ❀ *El besuqueo.*
- ❀ *El frotamiento.*
- ❀ *La chupadura del mango.*
- ❀ *La deglución.*

Al concluir cada una de estas operaciones, el amante o la amante expresa su deseo de detenerse, pero cuando una de ellas ha terminado, el hombre ansía la siguiente, y tras ésta la otra y así sucesivamente.

Cuando toma la *linga* en su mano y, colocándola entre sus labios, la mueve en su boca, esto se llama *"la unión nominal"*.

Cuando cubre la punta de la *linga* con sus dedos juntos como el capullo de una planta o una flor y oprime sus lados con sus labios, empleando también los dientes, esto se llama *"mordisco en los costados"*.

Cuando, deseándose la continuación, se oprime la punta de la *linga* con sus labios cerrados y la besa como si fuera a absorberla, esto se llama *"opresión exterior"*.

Cuando se le pide que prosiga e introduce la *linga* en su boca, y la oprime y luego la retira, esto se llama *"opresión interior"*.

Cuando toma la *linga* en su mano y la besa como si besase el labio inferior, esto se llama *"besuqueo"*.

Cuando, después de besarla, la toca con su lengua por todas partes y pasa su lengua por la punta, esto se llama *"frotamiento"*.

Cuando introduce la mitad de ella en su boca y la besa y succiona con fuerza, esto se llama la *"chupadura del mango"*.

Y cuando, por último, introduce toda la *linga* en su boca y la oprime hasta el final, como si desease tragarla, esto se llama la *"deglución"*.

Durante esta clase de unión pueden emplearse golpes, rasguños y otras cosas.

También practican el *auparishtaka* mujeres impúdicas y lascivas, sirvientas y doncellas de servicio, aquellas que no están casadas y viven del masaje.

Los *acharyas* (autores antiguos y venerables) opinan que este *auparishtaka* es propio de un animal y no de un hombre, puesto que se trata de una práctica deleznable y opuesta a las enseñanzas de las Sagradas Escrituras, y puesto que el propio hombre padece al poner su *linga* en contacto con las bocas de eunucos y mujeres.

Pero *Vatsyayana* opina que las enseñanzas de las Sagradas Escrituras no afectan a quienes recurren a cortesanas y que la ley sólo prohibe el *auparishtaka* que se realiza con las mujeres casadas.

Las gentes de la India oriental no recurren a las mujeres que practican el *auparishtaka*. Las gentes de *Ahicbhatra* recurren a estas mujeres, aunque no hacen con ellas cosas relacionadas con la boca.

Las gentes de la región del *Shurasena*, en la margen izquierda del *Jumna*, hacen cualquier cosa sin protestar, puesto que dicen que, siendo las mujeres lascivas por naturaleza, nada puede saberse a ciencia cierta sobre su carácter, su pureza, su conducta, sus prácticas, sus confidencias o su habla.

Un pájaro es limpio cuando hace que un fruto caiga de un árbol al picotearle, aunque los alimentos de los cuervos y otros pájaros se consideran sucios. En el momento de las relaciones sexuales, la boca de una mujer es limpia para el beso y cosas semejantes.

Más aún, *Vatsyayana* opina que, en todos estos actos relacionados con el amor, cada cual debe actuar conforme a las costumbres de su país y a sus propias inclinaciones.

Existen los siguientes versículos sobre el tema:

"Algunos sirvientes masculinos realizan el sexo oral con sus amos. También la practican entre sí algunos ciudadanos unidos por lazos de amistad.

Algunas mujeres del harén, cuando están excitadas, ejecutan las acciones bucales con sus propios *yonis*, y la forma de hacerlo (besuqueo del *yoni*) procede seguramente del beso en la boca.

Cuando un hombre y una mujer yacen en orden inverso, con la cabeza de uno hacia los pies del otro, y realizan la unión de este modo, esto se llama *"la unión de un cuervo"*.

Esto podría parecer una posición ideal para lograr el placer mutuo, sin embargo en la práctica es más satisfactorio el sexo oral por separado.

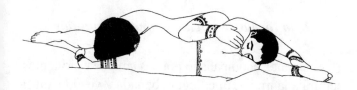

Seducidas por estas cosas, algunas cortesanas abandonan a hombres llenos de buenas cualidades, nobles e inteligentes, para entregarse a gentes de baja condición, como esclavos o domadores de elefantes.

Un brahmán educado, un ministro ocupado en asuntos de estado o un hombre de buena reputación no deben efectuar nunca el *auparishtaka* o unión bucal, ya que, aunque su práctica esté permitida por los *Shastras*, no existe razón por la cual deba hacerse, excepto en casos particulares.

En consecuencia, un hombre debe considerar el lugar, el momento y también la naturaleza de sus inclinaciones, y luego decidir si estas prácticas están o no de acuerdo con las circunstancias.

Aunque, como estas cosas se hacen en secreto y la mente del hombre es veleidosa, es imposible adivinar lo que hará una persona en un momento y con un propósito particular".

V

De la forma de iniciar y concluir la unión

El amante, acompañado por sus amigos y sirvientes, recibirá a la mujer, que llegará bañada y vestida, en la sala destinada al placer, decorada con flores y aromada con perfumes, y la invitará a tomar un refrigerio y beber libremente.

Luego se sentará a su lado izquierdo y, acariciando su cabellera y tocando también el lazo y la parte posterior de su vestido, la abrazará dulcemente con su brazo derecho.

Mantendrán luego una conversación agradable sobre temas diversos, o también podrán hablar de cosas consideradas soeces o temas generalmente no mencionados en sociedad.

Luego cantarán, con o sin gesticulaciones, y tocarán instrumentos musicales. Hablarán sobre arte y se invitarán mutuamente a beber.

Finalmente, cuando la mujer esté dominada por el amor y el deseo, el amante despedirá a los demás, dándoles flores, ungüentos y hojas de betel y, una vez solos los dos, actuará como ya se ha descrito en los capítulos anteriores.

Este es el comienzo de la unión sexual. Al final de ésta, con modestia y sin mirarse entre sí, los amantes pasarán por separado al cuarto de aseo. Después de esto, sentados en sus lugares respectivos, mascarán algunas hojas de betel, y el ciudadano aplicará con su propia mano ungüento de sándalo o de alguna otra clase al cuerpo de la mujer.

La ceñirá entonces con su brazo izquierdo y, con palabras amables, la inducirá a beber de una copa sostenida por su propia mano, o le servirá agua para que beba.

Comerán dulces u otras cosas, conforme a sus gustos, o beberán zumo fresco, sopa, avena, extractos de carne, sorbetes, zumos de mango, el extracto del zumo del limonero mezclado con azúcar o cualquier otra cosa apreciada en diferentes regiones por su dulzura, suavidad y pureza.

También podrán los amantes sentarse en la terraza de la casa o palacio y disfrutar de la luz de la luna y entregarse a una agradable conversación.

También en este momento, mientras la mujer reposa sobre sus rodillas con el rostro vuelto hacia la luna, el amante le mostrará los distintos planetas, la estrella de la mañana, la estrella polar y los siete *Rishis* u Osa Mayor.

Este es el final de la unión sexual.

VI
De las distintas clases de unión

La unión puede ser de las siguientes clases:

- *Unión amorosa.*
- *Unión de amor subsecuente.*
- *Unión de amor artificial.*
- *Unión de amor transferido.*

❁   *Unión como la de los eunucos.*

❁   *Unión engañosa.*

❁   *Unión de amor espontáneo.*

Cuando un hombre y una mujer que se han amado durante largo tiempo consiguen unirse al cabo de grandes dificultades, o cuando uno de ellos regresa de un viaje, o se reconcilian tras una separación por causa de una querella, esto se llama *"unión amorosa".*

Se realiza conforme al gusto de los amantes y dura tanto como deseen.

Cuando dos personas se unen, aunque el mutuo amor se halle todavía en su infancia, esto se llama *"unión subsecuente".*

Cuando un hombre realiza la unión excitándose a sí mismo por medio de las sesenta y cuatro formas, tales como besos, etc., o cuando un hombre y una mujer se unen, aunque en realidad ambos están ligados a distintas personas, esto se llama *"unión de amor artificial".*

En este caso, deben emplearse todas las formas y los medios mencionados en el *Kama Sutra.*

Cuando un hombre, desde el principio hasta el final de la unión, aunque esté vinculado a la mujer, piensa todo el tiempo que está gozando con aquella a la que ama, esto se llama *"unión de amor transferido".*

Cuando la unión se realiza entre un hombre y una aguadora, o una sirvienta de una casta inferior a la suya, y dura sólo hasta que el deseo queda satisfecho, esto se llama *"unión como la de los eunucos"*.

En ella no deben emplearse toques externos, besos o manipulaciones.

Cuando la unión se realiza entre una cortesana y un rústico, o entre ciudadanos y mujeres de las aldeas o territorios fronterizos, esto se llama *"unión engañosa"*.

Cuando la unión se produce entre dos personas ligadas entre sí, y se lleva a cabo conforme al gusto de ambos, esto se llama *"unión de amor espontáneo"*.

Así concluyen las clases de unión.

VII

De las querellas amorosas

Una mujer muy enamorada de un hombre no puede soportar la mención del nombre de su rival, o mantener una conversación sobre ella, o que la llamen accidentalmente por su nombre.

Sí esto ocurre, comienza una disputa, y la mujer llora, se enfurece, se despeina, golpea a su amante, cae de su lecho o asiento, arroja a un lado sus guirnaldas y adornos y se tira al suelo.

En este caso, el amante debe intentar calmarla con palabras conciliatorias, levantarla con cuidado y llevarla a su lecho, aunque ella, sin replicar a sus preguntas, inclinará su cabeza agarrándose la cabellera y, tras haberlo pateado una, dos o tres veces en los brazos, cabeza, pecho o espalda, se dirigirá a la puerta de la habitación.

Dattaka dice que a continuación debe sentarse furiosa cerca de la puerta y llorar, puesto que si se marchase incurriría en falta.

Al cabo de un rato, cuando crea que las palabras y acciones conciliatorias de su amante han llegado al extremo, lo abrazará y le hablará con agrias palabras de reproche, pero mostrando al mismo tiempo un vivo deseo de realizar la unión amorosa.

Cuando una mujer está en su propia casa y ha reñido con su amante, debe mostrarle su irritación y luego dejarle.

El amante, después de enviar al *vita*, el *vidushaka* o el *pitharmurda* para apaciguarla, la acompañará de regreso a la casa y pasará la noche con su amante.

Así concluyen las querellas amorosas.

En conclusión:

Un hombre que emplee los sesenta y cuatro medios mencionados por *Babhravya* conseguirá su objetivo y gozará de una mujer de primera calidad. Por bien que pueda dominar otros temas, si desconoce las sesenta y cuatro divisiones no se le tendrá en gran estima en las reuniones de los entendidos.

Un hombre carente de otros conocimientos, pero bien familiarizado con las sesenta y cuatro divisiones, ocupará un lugar de reconocimiento en cualquier reunión de hombres y mujeres.

¿Qué hombre dejará de respetar las sesenta y cuatro artes, considerando que ellas son respetadas por el docto, el astuto y las cortesanas?

Como las sesenta y cuatro artes son respetadas, fascinantes y aumentan el talento de las mujeres, los *acharyas* las llaman queridas a las mujeres.

Un hombre diestro en las sesenta y cuatro artes será visto con amor por su propia esposa, por las esposas de otros y por las cortesanas.

> *"Todo es dulce en tí, pero tu boca, más.*
> *Eres esbelta, pero más lo es tu cuello.*
> *Tienes derecho a ser orgullosa, tienes*
> *derecho a ser altanera, tienes derecho a*
> *hacer lo que te plazca, ¿quién es más bella*
> *que tú?"*

Vaisika

"Eres una armonía. Tu cintura es un sauce que ondula, tu estatura, luciente abedul. Miel de panal de los montes tu saliva. Besa la copa y dámela. ¡Eres más dulce que el vino!"

I

De las cortesanas

Las cortesanas, al relacionarse sexualmente con los hombres, se procuran placeres sexuales y, al mismo tiempo, los medios para subsistir.

Cuando una cortesana recibe a un hombre impulsada por el amor, su acción es natural, pero si se dirige a él para ganar dinero, entonces la acción resulta artificial o forzada.

Pero incluso en tal caso, se comportará como si realmente le amará, puesto que los hombres se sienten atraídos por las mujeres que parecen amarlos.

Al dar a entender a un hombre que le ama, la cortesana demuestra encontrarse totalmente libre de avaricia y, con vistas a un crédito futuro, se abstendrá de obtener dinero por medios desleales.

La cortesana, bien vestida y embellecida, debe permanecer sentada o en pie a la puerta de su casa, y sin ponerse demasiado en evidencia, mirará hacia la calle de manera que puedan verla los transeúntes, ya que, en cierto modo, no es más que un objeto expuesto a la venta.

Ha de buscar la amistad con personas que la ayuden a que surjan enemistades entre los hombres y otras mujeres.

Habrá de conseguir esas amistades con objeto de solucionar sus propios problemas, de hacerse rica y de defenderse y prevenirse contra malos tratos e insultos por parte de gente con la que puede haber tenido discusiones por una u otra razón.

Estas personas son:

- *Los guardias o policías de la ciudad.*
- *Los oficiales de los juzgados.*
- *Los astrólogos.*
- *Los hombres pobres e interesados.*
- *Los sabios.*
- *Los profesores de las sesenta y cuatro artes.*

- *Los pithamardas o confidentes.*
- *Los vitas o parásitos.*
- *Los vidushakas o bufones.*
- *Los mercaderes de flores.*
- *Los perfumistas.*
- *Los cantineros.*
- *Los lavanderos.*
- *Los barberos.*
- *Los mendigos.*

Y todas las personas que puedan serle útiles para el objetivo que persigue.

Los hombres a quienes una cortesana ha de cultivar con el único fin de ganar dinero, son los siguientes:

- *Los hombres sin problemas económicos.*
- *Los jóvenes.*
- *Los hombres libres de todo lazo.*
- *Los hombres que representan al rey.*
- *Los hombres que han asegurado su posición.*
- *Los hombres que poseen ingresos fijos.*
- *Los hombres que se creen hermosos.*
- *Los hombres que gustan de alabarse.*
- *Los hombres que detestan a sus iguales.*

- *Los eunucos que pretendan hacerse pasar por hombres.*
- *Los hombres que son liberales.*
- *Los hombres que tienen influencia sobre el rey o sus ministros.*
- *Los hombres que son siempre felices.*
- *Los hombres que presumen de su fortuna.*
- *Los hombres que desobedecen las órdenes de sus mayores.*
- *Los hombres que reciben gran atención por los miembros de su misma casta.*
- *Los hombres que son hijos únicos y sus padres son ricos.*
- *Los ascetas que están interiormente atormentados por el deseo.*
- *Los hombres valientes.*
- *Los médicos del rey.*
- *Los amigos antiguos.*

Además, tanto por interés de su reputación como por amor, se dirigirá a hombres dotados de excelentes cualidades, tales como:

- *Los hombres de ilustre estirpe.*
- *Los hombres que conozcan bien el mundo.*

- *Los poetas.*
- *Los narradores de buenas historias.*
- *Los hombres elocuentes.*
- *Los hombres enérgicos.*
- *Los hombres diestros en las diferentes artes.*
- *Los hombres que sepan prever el futuro.*
- *Los hombres perseverantes.*
- *Los hombres de firme devoción.*
- *Los hombres libres de cólera.*
- *Los hombres liberales.*
- *Los hombres amantes de su familia.*
- *Los hombres hábiles en completar versos compuestos por otros.*
- *Los hombres que practican deportes.*
- *Los hombres sanos.*
- *Los hombres de cuerpo armonioso.*
- *Los hombres robustos.*
- *Los hombres que no se entregan a la bebida.*
- *Los hombres infatigables en los ejercicios del amor.*
- *Los hombres sociables.*
- *Los hombres que amen a las mujeres y que atraigan a los corazones de éstas, aunque sin entregarse ellos totalmente.*

❀ *Los hombres independientes.*

❀ *Los hombres libres de envidia.*

❀ *Los hombres libres de sospechas.*

Estas son las buenas cualidades de un hombre.

La mujer, a su vez, ha de distinguirse por las características siguientes:

❀ *Ha de ser bella.*

❀ *Amable.*

❀ *Poseer en su cuerpo signos de buen augurio.*

❀ *Se complacerá con las buenas cualidades de los demás.*

❀ *Tendrá afanes de riqueza.*

❀ *Se deleitará con las uniones sexuales que resulten del amor.*

❀ *Tendrá un espíritu firme.*

❀ *En lo que se refiere al goce físico, estará en la misma categoría que el hombre.*

❀ *Deseará siempre adquirir experiencia y saber.*

❀ *Estará libre de avaricia.*

❀ *Sentirá en todo momento inclinación por las reuniones de sociedad y por las artes.*

Las cualidades generales de todas las mujeres son las siguientes:

- ❀ *Tener inteligencia.*
- ❀ *Tener buen carácter.*
- ❀ *Poseer maneras agradables.*
- ❀ *Ser de naturaleza agradecida.*
- ❀ *Preveer antes de emprender nada.*
- ❀ *Ser activa.*
- ❀ *Tener buena presencia.*
- ❀ *Conocer los momentos y lugares apropiados para cada cosa.*
- ❀ *Usar un lenguaje correcto.*
- ❀ *No reirse en forma grosera.*
- ❀ *Estar libre de maldad.*
- ❀ *No dejarse dominar por la cólera.*
- ❀ *No demostrará avaricia.*
- ❀ *No deberá comportarse en forma tonta.*
- ❀ *No mostrará actitudes estúpidas.*
- ❀ *Conocerá los Kama Sutra y será diestra en las artes relacionadas con éstos.*

La ausencia de alguna de las cualidades antes descritas constituye los defectos de las mujeres.

Las cortesanas deben evitar a los hombres que tengan las siguientes características:

- *Al que se va consumiendo.*
- *Al que es enfermizo.*
- *Al que tiene mal aliento.*
- *Al que ama a su esposa.*
- *Al que habla con dureza.*
- *Al que siempre sospecha.*
- *Al que es avaro.*
- *Al que no tiene piedad.*
- *Al que es ladrón.*
- *Al que es fatuo.*
- *Al que es aficionado a la hechicería.*
- *Al que no le importa que le respeten.*
- *Al que es corrupto.*
- *Al que es excesivamente pudoroso.*

Algunos autores antiguos opinan que las cortesanas, al dirigirse a los hombres, obedecen a uno de los móviles siguientes:

- *Amor.*
- *Miedo.*

- *Dinero.*
- *Placer.*
- *Venganza.*
- *Curiosidad.*
- *Tristeza.*
- *Costumbre.*
- *Fama.*
- *Compasión.*
- *Amistad.*
- *Vergüenza.*
- *Parecido del hombre con alguna persona querida.*
- *Búsqueda de la felicidad.*
- *Ganas de romper con otro hombre.*
- *Sentirse adecuadas al hombre para la unión sexual.*
- *Residir en un mismo lugar.*
- *Constancia.*
- *Seguridad.*
- *Miseria.*

Sin embargo, *Vatsyayana* se atiene al principio de que el deseo de la riqueza, la búsqueda del bienestar y el amor son las únicas causas que impulsan a las cortesanas a unirse a los hombres.

A pesar de eso, jamás una cortesana sacrificará el dinero por amor, puesto que el dinero es lo primero que debe desear, aunque, en casos de miedo y otros, tenga en cuenta las cualidades y la fuerza de su amante.

Además, pese a que un hombre la invite a unirse a él, no consentirá enseguida puesto que los hombres tienen gran tendencia a menospreciar lo que fácilmente consiguen.

En tales ocasiones, la cortesana obrará rectamente si primero envía a los masajistas, cantores, bufones que pueda tener a su servicio o, en caso contrario, a los *pithamardas* o confidentes, y a otras para que tanteen el estado de ánimo y el espíritu de aquel hombre.

A través de esas personas, sabrá si el hombre es puro o impuro, si está bien dispuesto u obligado, si es capaz de afecto, liberal o avaro y, si la cortesana lo encuentra a su gusto, empleará el *vita* y otras personas para conseguirlo.

En consecuencia, el *pithamarda* llevará al hombre al domicilio de la cortesana, con el pretexto de presenciar los combates de codornices, de gallos, de corderos, de escuchar el *mamá* (especie de estornino) asistir a un espectáculo, a la práctica del arte o, bien, acompañar a la mujer a la vivienda del hombre.

Una vez éste haya llegado a la casa de la mujer, ella le entregará un objeto capaz de excitar su curiosidad y de despertar su amor, como por ejemplo, un regalo de amor que le indicará si lo ha destinado especialmente. Se divertirá contándole historias y haciendo cosas que le resulten agradables.

Una vez el hombre se haya ido le enviará a una de sus sirvientas, hábil en sostener conversaciones divertidas, al tiempo que le hace llegar un pequeño regalo.

En otras ocasiones, con cualquier pretexto, será ella misma quien vaya a visitarle, en compañía de un *pithamarda*.

Aquí terminan los medios de que dispone una cortesana para atraerse al hombre que desea.

Hay sobre este tema unos versículos que dicen:

"Cuando un galán se presenta ante la cortesana, en su casa, ésta ha de obsequiarle con una mezcla de hojas y de nuez de betel, guirnaldas de flores y ungüentos perfumados. Luego, mantendrá con él una larga conversación, al mismo tiempo que le demuestra su destreza en las artes.

De igual manera, le ofrecerá regalos de amor, intercambiará distintos objetos y, al mismo tiempo, le demostrará su experiencia en las artes sexuales. Una vez que se ha unido de esta forma con su amante, la cortesana deberá poner todo su empeño para resultarle siempre agradable por medio de regalos amistosos, con una amena conversación y por su destreza en las distintas formas de goce".

II

De la cortesana que vive con un hombre

La cortesana que vive con su amante igual que si estuvieran casados, ha de comportarse como una esposa casta y satisfacerle en todo.

Debe, en resumen, complacerle en todo, pero no es imprescindible que sienta afecto por él, aunque se comporte como si se lo tuviera.

Veamos cómo debe proceder para conseguir el objetivo en cuestión.

Si tiene aún madre, hará que viva con ella y la presentará como una mujer muy apegada a las ganancias y sólo preocupada por acumular dinero.

De no tenerla, hará que represente tal papel una vieja nodriza o alguna mujer de confianza.

Por su parte, la madre o la que ocupe su lugar, ha de mostrarse mal dispuesta respecto al amante y procurará retirarle a la hija incluso por la fuerza.

En tales ocasiones la cortesana simulará cólera, abatimiento, temor, vergüenza, y otros sentimientos parecidos, pero bajo ningún pretexto desobedecerá a la madre o a la nodriza.

De cuando en cuando, la cortesana dirá a su madre o a su nodriza que el hombre se halla indispuesto y, con esa excusa, le visitará.

Se consignan ahora las demás cosas que ha de realizar para obtener los favores del hombre:

Enviará a su criada a buscar las flores que le entregaron la víspera, para servirse de ellas como signo de amor.

Asimismo, le pedirá la mezcla de nuez y de hojas de betel que no haya comido, demostrará gran sorpresa ante la experiencia que él supo demostrar en sus tratos sexuales y en los diversos modos de goce que empleó y aprenderá de él las sesenta y cuatro clases de placer que enumera *Babhravya*.

Del mismo modo, practicará los medios de disfrute que él le haya enseñado, adaptándose a su fantasía, guardará sus secretos, le confiará lo que desea y lo que la preocupa y disimulará su ira.

En la cama, no le rechazará cuando él vuelva el rostro hacia ella, sino que, por el contrario, le irá tocando, según los dictados del capricho, diferentes partes del cuerpo, le besará y lo abrazará, mientras su amante esté dormido.

Le ha de contemplar con ansiedad cuando sueñe o piense en algo que no sea ella.

Tampoco demostrará completa indiferencia ni excesiva alegría cuando él venga a verla o cuando, desde la calle, la vea de pie en la terraza de su casa.

Ha de sentirse interesada por lo que a él le agrada, odiar a sus enemigos y amar a los que él quiere.

Estará triste o contenta según él lo esté, expresará el deseo de ver a sus esposas, no tendrá largos enojos, simulará sospechar que las marcas y los rasguños que ella misma le ha hecho en el cuerpo, con uñas y dientes, fueron hechos por otra mujer.

No le demostrará su amor con palabras, sino con actos, signos o medias insinuaciones.

Ha de guardar silencio cuando él duerma, esté embriagado o enfermo y escuchará con atención las explicaciones que él le confíe de sus actos meritorios, y al instante los repetirá para alabarlos.

Le responderá con vivacidad y alegría, en cuanto le vea tranquilo, se mostrará atenta a cuanto él le explique, excepto en lo que se refiere a sus rivales y expresará sus sentimientos de abatimiento o tristeza cuando él suspire, bostece o se desvanezca.

Cuando él estornude, pronunciará enseguida las palabras: "¡Larga vida!", simulará estar enferma o embarazada cuando se sienta aburrida, se abstendrá de alabar las buenas cualidades de otra persona o de criticar a quienes tengan idénticos defectos que su amante y llevará siempre puesto cualquier objeto que él le haya dado.

Evitará vestirse con sus propios ornamentos, dejara de comer cuando él esté enfermo, desanimado o sufra alguna pena y le consolará y compartirá con él sus preocupaciones.

Solicitará acompañarle en el caso de que él haya abandonado el país, por propia voluntad o desterrado por el monarca, afirmará que no desea sobrevivirle, le insistirá en que el único objeto de su vida es vivir unida a él y no dejará de ofrecer a los dioses los sacrificios de antemano prometidos, cuando él consiga riquezas, vea satisfecho algún deseo o se reponga de alguna enfermedad.

A diario se pondrá los ornamentos que él le haya dado, en su presencia no actuará con excesiva libertad, introducirá su nombre y el de su familia en las canciones que cante, le apoyará la mano en la parte baja de la espalda, el pecho y la frente y se sentirá desfallecida de placer ante las caricias que él le dispense.

Se sentará en sus rodillas, quedándose así dormida, querrá tener un hijo suyo.

Guardará celosamente sus secretos y le disuadirá de que haga votos y ayunos, diciéndole: "Déjame a mí el pecado".

Sin embargo, cuando no logre cambiar su decisión, observará, al mismo tiempo que él, sus votos y sus ayunos, pero advirtiéndole que son difíciles de cumplir, siempre que por ellos, tengan una discusión.

Se ocupará tanto de la fortuna suya como de la de él, se abstendrá de asistir sin su compañía a las reuniones públicas y le acompañará siempre que él se lo pida.

Ha de complacerle en utilizar las cosas que él haya usado. Respetará a su familia, su carácter, su habilidad en las artes, su casta, su color, su país natal, sus amigos, sus buenas cualidades y su amabilidad.

Le rogará que cante y que haga algo por el estilo, si de ello es capaz. Irá a su encuentro sin miedo y sin preocuparse del frío, del calor o de la lluvia. Cuando se hable de la otra vida, le dirá que incluso allí será su amante.

Adaptará sus propios deseos a los de él, lo mismo que sus actos y se abstendrá de hechicerías.

Sostendrá continuas peleas con su madre acerca de las visitas que deba hacerle y, si su madre quiere llevarla por la fuerza a otros sitios, amenazará con envenenarse, dejarse morir de hambre, clavarse un puñal o ahorcarse.

Por último, a través de sus agentes, le inspirará una absoluta confianza en su constancia y en su cariño y, aunque sea ella quien recibe el dinero, evitará discusiones con su madre acerca de este asunto.

Si el hombre emprende un viaje, le exigirá el juramento de que volverá pronto y, durante su ausencia, abandonará ligeramente los votos de adoración a los dioses y sólo deberá ponerse aquellos adornos que dan la felicidad.

De pasar el día en que su amante debía regresar, intentará conocer la fecha auténtica, cosa que hará basándose en ciertos presagios, en las indicaciones de sus vecinos y en las posiciones de los planetas, de la Luna y de las estrellas.

Con motivo de algún sueño de buen augurio o de alguna diversión, dirá: "¡Así pueda reunirme pronto con él!". De sentirse melancólica o de ver algún mal presagio, realizará enseguida ceremonias para aplacar a los dioses. Una vez el hombre haya regresado, adorará al dios *Kama* y presentará dádivas a los otros dioses.

Luego, hará que sus amigos le traigan un vaso de agua y honrará al cuervo que devora las ofrendas realizadas a nuestros amigos muertos.

Después de la primera entrevista, le rogará a su amante que también cumpla determinados ritos, cosa que él hará de buena gana si la ama lo suficiente.

Se afirma que un hombre ama lo bastante a una mujer cuando su amor es desinteresado, si desea las mismas cosas que su amante y le tienen sin cuidado las cuestiones de dinero que se refieren a ella.

Este es el modo cómo una cortesana ha de vivir maritalmente con un hombre. Lo que se haya omitido se practicará de acuerdo con las costumbres y el carácter de cada individuo.

Los versículos siguientes tratan de este tema:

"Se desconoce el alcance del amor de las mujeres y aun de los objetos que aman, a causa de la sutileza, lo mismo que de la avaricia y gentileza propias del sexo femenino.

Casi nunca resulta posible conocer la auténtica cara de las mujeres, tanto si aman a los hombres como si les resultan indiferentes, lo mismo si les proporcionan placer que si les abandonan. Ni siquiera si logran apoderarse de toda su fortuna''.

III

De los medios para obtener dinero de un amante

Existen dos maneras de obtener dinero de un amante: Por medios naturales y mediante artificios.

Los autores antiguos opinan que si una cortesana puede conseguir de su amante tanto dinero como necesita para cumplir con sus obligaciones, en modo alguno ha de recurrir a los artificios.

Sin embargo, *Vatsyayana* advierte que si ella puede obtener el dinero por medios naturales, con artificios conseguirá el doble y, consecuentemente, recurrirá a los artificios para sacarle dinero por todos los medios.

Los artificios apropiados para conseguir dinero de un amante son:

❀ *En distintas ocasiones le pedirá dinero*
para comprar artículos, tales como adornos,

*alimentos, bebidas, flores, perfumes y
vestidos, pero no los comprará o los
comprará más baratos.*

* *Le elogiará cara a cara su inteligencia.*

* *Simulará tener la obligación de hacerle
regalos con motivo de unos festivales para
obtener votos.*

* *Mentirá diciendo que al dirigirse a casa de
él, le han robado las joyas los guardias
del rey o unos ladrones.*

* *Dirá que ha perdido sus propiedades por
haberlas destruido el fuego y que se le ha
derrumbado el techo de la casa por la
negligencia de los criados.*

* *Pretenderá haber perdido los adornos de
su amante y los suyos propios.*

* *Le informará, por medio de otras personas,
de los gastos que le ocasiona ir a verle.*

* *Contraerá deudas a nombre de su amante.*

* *Se peleará con su madre por algún gasto
que haya hecho por su amante.*

* *No acudirá a las fiestas o las reuniones de
sus amigos por no tener regalos que
ofrecerles, después de haber previamente
informado a su amante de los ricos
presentes que ellos le hicieron.*

❋ *No cumplirá determinados ritos, con la excusa de que carece de dinero para dedicarse a ellos.*

❋ *Invitará a unos artistas para que realicen algo por cuenta de su amante.*

❋ *Mantendrá a médicos y ministros con vistas a algún propósito.*

❋ *Ayudará a sus amigos y bienhechores tanto con motivo de fiestas como de infortunio.*

❋ *Observará los ritos domésticos.*

❋ *Simulará tener que pagar los gastos de boda del hijo de una amiga.*

❋ *Querrá satisfacer determinados antojos durante el embarazo.*

❋ *Dirá que está enferma y abultará los gastos del tratamiento.*

❋ *Deseará sacar a un amigo de una situación comprometida.*

❋ *Venderá algunas joyas para hacerle un regalo a su amante.*

❋ *Simulará haber vendido algunos de sus adornos o muebles a un comerciante al que previamente habrá advertido del papel que debe representar en este asunto.*

❋ *Querrá adquirir utensilios de cocina de valor superior al normal, para distinguirse con*

mayor facilidad y no correr el peligro de
que les confundan con otros de casta y
calidad inferiores.

❀ Recordará la generosidad inicial de su
amante y hará que sus amigas hablen
continuamente de ella.

❀ Ensalzará ante su amante los beneficios
que han obtenido otras cortesanas.

❀ Describirá ante sus amigas y en presencia
de su amante, sus propias ganancias,
asegurando que son superiores a las de
las otras, aunque no sea cierto.

❀ Resistirá abiertamente a su madre, cuando
ésta le diga que tome otros hombres, a los
que ya antes había conocido, por los
muchos beneficios que de ella podría obtener
de ello.

❀ Por último, hará notar a su amante la
generosidad de sus rivales.

Aquí concluye cuanto se refiere a la forma de ganar
dinero.

Toda mujer debe adivinar el estado de ánimo, los
sentimientos y la disposición de su amante respecto a
ella, basándose en los cambios de humor, su comportamiento y el color de su rostro.

La conducta de un amante que va alejándose es:

- *Entrega a la mujer menos de lo que ésta necesita para cubrir sus necesidades o, en ocasiones, algo distinto de lo que ella le ha pedido.*
- *La mantiene en suspenso por medio de promesas.*
- *Advierte que hará tal o cual cosa y, luego realiza otra.*
- *No satisface sus deseos.*
- *Olvida lo que prometió o bien hace algo muy distinto.*
- *Habla en secreto con los criados de la mujer.*
- *Pasa la noche en otra casa, con la excusa de que debe tratar algo con un amigo.*
- *Por último, habla en privado con las doncellas de una mujer a la que ya conocía.*

Cuando una cortesana advierte un cambio en los sentimientos de su amante, tomará cuanto de valioso posea, antes de que él advierta sus intenciones, y hará que se lo lleve por la fuerza un supuesto acreedor como pago de una deuda imaginaria.

Si el amante es rico y siempre se ha comportado bien con ella, continuará tratándolo con respeto; pero, de ser pobre y sin recursos, se desembarazará de él, como si jamás lo hubiera conocido.

Los medios para librarse de un amante son:

❀ *La mujer presentará las costumbres y vicios del amante como algo desagradable y odioso, riéndose abiertamente mientras golpea con el pie.*

❀ *Le hablará de asuntos que él no conoce.*

❀ *No se admirará de su saber, sino que, por el contrario, le criticará.*

❀ *Humillará su orgullo.*

❀ *Buscará la compañía de hombres que le son superiores en saber y en inteligencia.*

❀ *En distintas ocasiones le manifestará desdén.*

❀ *Criticará a cuantos tienen los mismos defectos que él.*

❀ *Mostrará su desagrado por las formas de goce que a él le son habituales.*

❀ *No le ofrecerá la boca para que la bese.*

❀ *Le negará el acceso a su jaghana, es decir, a la parte central del cuerpo entre el ombligo y los muslos.*

❀ *Demostrará disgusto hacia las heridas producidas por las uñas y los dientes.*

- *Se mantendrá indiferente cuando él la abrace.*

- *Permanecerá inmóvil durante la unión sexual.*

- *Cuando él se muestre cansado, le exigirá hacer el amor.*

- *No corresponderá a sus abrazos.*

- *Se apartará cuando él vaya a abrazarla.*

- *Fingirá tener sueño.*

- *Se reirá sin motivo alguno o, si él le gasta una broma, se reirá de otra cosa.*

- *Mirará de reojo a sus sirvientas y batirá palmas cuando él le hable.*

- *Le interrumpirá cuando él le cuente algo y se pondrá a contar sus propias historias.*

- *Divulgará sus defectos y vicios, y afirmará que son incurables.*

- *Dirá a sus sirvientas palabras apropiadas para zaherir a su amante.*

- *Evitará mirar a su amante cuando éste vaya a verla.*

- *Se irá de visita, a ver a una amiga, por ejemplo, cuando advierta que él tiene deseos de pasar el día a su lado.*

- *Se reirá del amor que él le tiene.*

- *Pedirá a su amante lo que de antemano sabe que no le puede conceder.*
- *Simulará no entender lo que le dice.*
- *Y, por último, le despedirá.*

Hay unos versículos sobre esto que dicen:

"El deber de una cortesana consiste en entablar relaciones con los hombres adecuados, después de un examen maduro, conservar al hombre con el cual se ha unido, conseguir dinero del que por ella siente afecto y, una vez le ha despojado de toda fortuna, despedirlo.

Una cortesana que lleve la vida de una mujer casada, no ha de soportar las impertinencias de muchos amantes y, sin embargo, no deja de obtener idéntica abundancia y riqueza".

IV

De una nueva unión con un antiguo amante

Cuando una cortesana abandona a un amante, al que ya ha sonsacado toda su fortuna, ha de pensar en unirse de nuevo con un antiguo amante.

Pero sólo le irá a buscar si ha vuelto a enriquecerse, si aún le queda fortuna y si todavía siente amor por ella. De darse el caso de que ese hombre viva entonces con otra mujer, la cortesana lo meditará bien antes de tomar una decisión.

Ese hombre sólo se puede encontrar en una de las siguientes seis situaciones:

- ❋ *Haber abandonado a su primera mujer por propia decisión e, incluso, haber abandonado a otra posteriormente.*

- ❋ *De que ambas mujeres le hayan despedido.*

- ❋ *Puede haber abandonado a una de las dos mujeres por voluntad propia y la otra, a su vez, haberle despedido.*

- ❋ *Abandonada una de las mujeres por propia decisión vive ahora con la otra.*

- ❋ *Quizá una de ellas lo rechazó y abandonó a la otra por su propia voluntad.*

- ❋ *Puede haberle despedido una de las mujeres y vivir con la otra.*

Si el hombre se ha separado de las dos mujeres por su propia voluntad, carece de sentido ir a buscarle de nuevo, a causa de la frivolidad e inconstancia de su espíritu y de su indiferencia ante las hermosas cualidades de ambas mujeres.

Respecto al hombre que fue despedido por ambas mujeres, si la última lo rechazó porque esperaba obtener más dinero de otro hombre, entonces, se le irá a buscar sin discusión.

Si él aún siente cariño por la primera mujer, entonces le dará más dinero por vanidad y por el despecho que siente hacia la que le ha despedido.

Por el contrario, si le despidieron por su pobreza o por su avaricia, no conviene ir a buscarle.

En caso de que el hombre hubiese abandonado voluntariamente a una de las mujeres y la otra le hubiera despedido, si se decide a volver con la primera y le entrega mucho dinero por adelantado, se le recibirá de nuevo.

Cuando el hombre haya abandonado por su propia voluntad a una de las mujeres y viva ahora con otra, si desea reconquistar a la primera, ha de pensar si la abandonó con la esperanza de encontrar en la otra alguna cualidad excepcional y, al no encontrar lo que esperaba, está dispuesto a buscar la reconciliación y entregarle mucho dinero, como compensación a su conducta y al amor que aún le tiene.

Puede también ocurrir que, al haber descubierto numerosos defectos en la segunda, esté bien dispuesto a descubrir en la primera mayores cualidades de las que posee, por lo que se mostrará generoso.

Por último, la mujer ha de comprobar si se trata de un hombre débil, al que agrada gozar con muchas, si amaba a una que carecía de fortuna o que jamás ha hecho nada por la cortesana que con él convivía. Una vez haya estudiado todos estos extremos a fondo, según las circunstancias intentará volver con él.

El hombre que ha abandonado voluntariamente a una de las mujeres y la primera lo ha despedido por la otra, en caso de que ésta desee volver con él, se cerciorará de si siente aún amor por ella, o de que él esté dispuesto a gastar mucho dinero en ella.

Puede ser que, pese a amar sus cualidades, sienta inclinación por otra mujer, y, al haberle ella despedido antes de que satisfaciera totalmente sus deseos sexuales, intenta ahora reconciliarse para vengar la ofensa recibida.

O que pretenda reconciliarse para ganarse su confianza y recuperar la fortuna que le dio, dejándola en la ruina más completa.

Por último, ha de tener en cuenta si no deseará obligarla a romper con su amante para abandonarla después. Si, tras considerar todo esto, cree que sus intenciones son sinceras, puede iniciar una nueva relación con él. Pero, de sospechar malos propósitos, ha de desistir inmediatamente de reconquistarlo.

El hombre rechazado por una mujer y que ahora vive con otra, si hace intentos para reconciliarse con la primera, la cortesana reflexionará mucho antes de actuar y, mientras la otra está ocupada en retenerle, ella por su parte, intentará volverle a conquistar, aunque

manteniendose un poco en segundo plano y haciendo
los siguientes razonamientos:

- *Le despedí injustamente y sin razón y, ahora que vive con otra mujer, debo esforzarme por recobrarle.*

- *Con una sola vez que hablase conmigo, iba a romper con la otra.*

- *Por medio de mi antiguo amante, conseguiría dominar el orgullo del que ahora tengo.*

- *Se ha enriquecido, ocupa una buena posición y ostenta un cargo elevado al servicio de nuestro rey.*

- *Se ha separado de su mujer.*

- *Ahora es independiente.*

- *Vive separado de su familia.*

- *Reconciliándome con él, dispondría de un hombre rico, muy rico, que si no vuelve a mi lado es a causa del amante que ahora tengo.*

- *Puesto que su mujer ya no le respeta, es el momento de conseguir separarle de ella.*

- *El·amigo de este hombre ama a mi rival, que me odia profundamente. Esta puede ser una buena ocasión para separar a ese hombre de su querida.*

✿ *Y, por último, voy a desacreditarle si*
   consigo que vuelva conmigo, pues de ese
   modo quedará patente la inconstancia de
   su carácter.

Cuando una cortesana decide conquistar de nuevo
a un antiguo amante, su *pithamarda* y otros criados, le
irán con el recado de que, si antes lo despidió, todo se
debió a la maldad de la madre, que ella le amaba
incluso más que el primer día pero que la forzaron
a ceder, por deferencia a la voluntad materna, y que
ahora es muy desdichada con su actual amante al
que odia de todo corazón.

Además, procurará inspirarle confianza al hablarle
sobre el antiguo amor que le tenía y se referirá a cierto
signo de amor, del que aún guarda recuerdo.

Esa marca de amor le ha de recordar una especial
clase de placer que pudieran haber practicado, como,
por ejemplo, su manera de besar o la forma que tenían
de realizar la unión sexual.

Aquí concluye cuanto se refiere a la forma de
reconciliarse con un antiguo amante.

Cuando una mujer puede elegir entre dos amantes,
uno de los cuales en otro tiempo estuvo unido a ella,
pero desconoce al otro, los *Acharyas* consideran que
resulta preferible el primero porque, al conocer sus
gustos y su carácter, le podrá complacer con mayor
facilidad.

Sin embargo, *Vatsyayana* considera que un antiguo amante, que ya ha gastado gran parte de su fortuna, no desea seguir perdiendo dinero y que, por tanto, merece menos confianza que el desconocido.

Puede haber casos que contradigan esa regla, según el distinto carácter de los hombres.

Acerca de este tema también hay unos versículos que dicen:

"Una nueva unión con un antiguo amante puede resultar conveniente con el propósito de separar a tal o cual mujer de ése o aquel hombre, o viceversa, e, incluso, para impresionar al amante actual.

Cuando un hombre siente un afecto excesivo por una mujer teme verla relacionarse con otros hombres por lo que se muestra ciego respecto a sus defectos y le da cuanto dinero le pide por temor a que le abandone.

Una cortesana se mostrará siempre amable con el hombre que la ama y rechazará al que no se comporta bien con ella. Si mientras vive con uno, recibe al intermediario de otro, rehusará todo trato o le indicará la fecha en que irá a verle. Sin embargo no debe abandonar al hombre que vive con ella y que además la quiere.

Una mujer sensata, antes de reconciliarse con un antiguo amante, se asegurará de que la nueva unión le comportará dicha, beneficios económicos, amor y amistad".

V

De las diferentes clases de ganancias

Si una cortesana diariamente gana mucho dinero a causa de su numerosa clientela, no ha de sujetarse a un solo amante.

Por el contrario, fijará el precio por noche, tras considerar con todo cuidado el sitio, la estación, los recursos de la clientela, las buenas cualidades que a ella le adornan y comparará sus precios con los de otras cortesanas. Comunicará ese precio a todos sus amigos y conocidos, pero si tiene la suerte de obtener buen beneficio con un solo amante, lo más sensato es unirse a él para hacer vida marital.

Los sabios opinan que si una cortesana tiene la oportunidad de obtener igual beneficio de dos amantes, ha de elegir aquel que va a darle lo que ella necesita.

No obstante, *Vatsyayana* considera que siempre ha de preferir al que le de oro, ya que éste no puede quitarse como las otras cosas, se recibe con suma facilidad y es el medio de conseguir cuanto se desea.

De todas esas cosas: oro, plata, cobre, bronce, hierro, muebles, vasijas hechas con calabazas, aceite, trigo, ganado, etc., el oro es superior a todas ellas.

Si la conquista de dos amantes requiere idéntico esfuerzo o si se desea conseguir lo mismo de cada uno de ellos, conviene fiarse de una amiga para elegir.

La decisión se puede basar en las cualidades personales de los dos hombres e, incluso, en los signos de buena o de mala fortuna que se puedan presentar.

Si de dos amantes, uno está ligado a una cortesana y el otro es, simplemente, generoso, los *Acharyas* creen sensato dar preferencia al segundo.

No obstante, *Vatsyayana* opina que más vale elegir al ligado con la cortesana, ya que puede volverse generoso.

En efecto, incluso un avaro da dinero si se prenda de una mujer mientras que el generoso por naturaleza jamás llegará a amar con pasión.

Pero cuando los que la aman son un pobre y un rico, preferirá, sin lugar a dudas, al segundo.

De encontrarse con dos amantes, uno generoso y el otro dispuesto a prestar toda clase de servicios a la cortesana, los *Acharyas* opinan que se prefiera al servicial, pero, por el contrario, *Vatsyayana* considera que quien presta un servicio cree que lo ha hecho todo de una vez, al tiempo que el hombre generoso nunca vuelve a pensar en lo que ha dado.

En tal caso, la cortesana ha de decidir basándose en las posibilidades de beneficio que cada uno de ellos pueda reportarle.

Si uno de los amantes se muestra agradecido y el otro muy liberal, ciertos *Acharyas* creen indicado preferir a este último, pero *Vatsyayana* opina que se ha de elegir al primero pues los hombres liberales son, por lo general, altivos, bruscos al hablar y con poco respeto hacia los demás.

Tales hombres muy liberales, aunque hayan vivido mucho tiempo con una cortesana, si en un momento dado le descubren algún defecto o les hablan mal de ella, no tendrán en cuenta sus anteriores servicios y romperán su unión de manera definitiva.

En cambio, el hombre agradecido no romperá bruscamente con ella, si tiene en cuenta los esfuerzos que pudo hacer su amante para complacerlo.

Cuando a una cortesana se le presentan, al mismo tiempo, la oportunidad de complacer la petición de un amigo y la de ganar dinero, los *Acharyas* opinan que, ante todo, hay que preocuparse de ganar dinero.

Sin embargo, *Vatsyayana* cree que el dinero tanto se puede encontrar hoy como mañana y que, al despreciar la petición de un amigo, es fácil provocar su resentimiento.

No obstante, en ese último caso, la cortesana puede calmar a su amigo diciéndole que tiene algo urgente que hacer y que luego complacerá su petición. De este modo, no perderá la ocasión que se le ofrece de ganar dinero.

Si se le presenta la ocasión de ganar dinero y la de evitar cualquier desastre, los *Acharyas* indican que debe elegirse la de ganar dinero.

Sin embargo, *Vatsyayana* cree que el dinero tiene una importancia limitada, al tiempo que el desastre, una vez que se ha evitado, ya no suele repetirse.

Aquí, además, lo que puede decidir la elección es la importancia del desastre.

Los beneficios de las cortesanas de la clase rica más distinguida, estarán sujetos a:

- ❀ *Edificar templos, depósitos y jardines.*
- ❀ *Entregar un millar de vacas a distintos brahmanes.*
- ❀ *Practicar el culto a los dioses.*
- ❀ *Celebrar fiestas en su honor.*
- ❀ *Cumplir los votos que estén al alcance de sus medios.*

Los beneficios de las demás cortesanas se aplicarán de la forma siguiente:

- ❀ *En un vestido blanco, para llevar cada día.*
- ❀ *Procurarse alimentos y bebidas en cantidad suficiente para saciar el hambre y calmar la sed.*
- ❀ *Comer a diario un támbula perfumada, es decir, una mezcla de nuez y de hojas de betel.*
- ❀ *Lucir adornos bordados con oro.*

Los *Acharyas* afirman que estos gastos representan los beneficios de las clases media e íntima de las cortesanas.

Pero *Vatsyayana* cree que no es posible calcular ni fijar sus beneficios puesto que dependen de las condiciones del lugar y de las costumbres del pueblo, así como de la propia presencia y de otras muchas cosas.

Si una cortesana desea impedir que un hombre se dirija a otra mujer o separarle de la que está unido; si cree que uniéndose a él elevará su posición, obtendrá grandes beneficios y resultará más deseable para los demás hombres.

Si desea conseguir su ayuda para evitar cualquier desgracia; si le ama de veras; si pretende perjudicar a alguien por mediación suya; si desea agradecerle algún favor recibido o si sólo el placer la impulsa a unirse a él, en cualquiera de esos casos, únicamente le pedirá una pequeña cantidad de dinero y aún lo hará de manera amistosa.

Por el contrario la cortesana intentará conseguir de su amante tanto dinero como pueda y lo más rápidamente posible, si tiene intención de abandonar a un amante para tomar otro; si tiene razones para creer que su amante la abandonará pronto para volver a sus antiguas amigas; si se ha gastado todo su capital y se encuentra arruinado y sabe que su tutor, amo o padre irán a reprenderla; si su amante está a punto de perder su posición y si es veleidoso.

Además, si la cortesana considera que su amante está a punto de recibir hermosos regalos; de obtener algún cargo al servicio del monarca; de heredar una fortuna; de recibir un barco cargado de mercaderías; que tiene grandes reservas de trigo u otros granos; y que si ella hace algo por él no será un esfuerzo inútil ya que su amante se mostrará siempre fiel a su palabra, en tales casos la cortesana examinará la posibilidad de su bienestar para el futuro y vivirá con él como si fuera su esposa.

Acerca de esto también hay unos versículos cuyo texto dice:

"Si atiende a la vez los beneficios actuales y al bienestar futuro, una cortesana evitará a los hombres que hayan ganado, con grandes esfuerzos, los medios de fortuna que posean, así como aquellos que se hayan vuelto egoístas y duros a fuerza de conseguir los favores del monarca.

La cortesana hará cuantos esfuerzos pueda para unirse a personajes ricos y generosos y a quienes sería arriesgado rehuir o humillar en lo más mínimo.

Aunque cueste algún sacrificio, ha de unirse a hombres enérgicos y generosos, quienes, una vez satisfechos, le darán mucho dinero, aunque sea a cambio de un simple servicio".

VI

De las ganancias, las pérdidas y las distintas clases de cortesanas

Ocurre con frecuencia que, cuando alguien busca obtener ganancias, los esfuerzos sólo dan como resultado una perdida. Las causas de tales pérdidas son:

* *Poca inteligencia.*

* *Exceso de amor.*

* *Orgullo desmedido.*

* *Egoísmo exagerado.*

* *Simplicidad excesiva.*

* *Exceso de confianza.*

* *Ira desatada.*

* *Pereza.*

* *Abandono.*

* *Malas influencias.*

* *Circunstancias accidentales.*

Los resultados de estás pérdidas son:

* *Gastos sin ninguna compensación.*

* *Ruina del bienestar futuro.*

- *Pérdida de los beneficios que estaban a punto de lograrse.*
- *Quebranto de lo que ya se había conseguido.*
- *Agriamiento del carácter.*
- *Hacerse enemigos.*
- *Misantropía.*
- *Alteración de la salud.*
- *Caída del cabello y otros accidentes.*

Las ganancias pueden ser de tres clases:

- *Ganancias de fortuna.*
- *Ganancias de méritos religiosos.*
- *Ganancias de placer.*

A su vez, las pérdidas se dividen en tres clases:

- *Pérdidas de fortuna.*
- *Pérdidas de méritos religiosos.*
- *Pérdidas de placer.*

Si cuando se buscan unas ganancias, llegan, por añadidura, otras ganancias, a éstas se les llaman "ganancias accesorias".

Cuando la ganancia es incierta, a la duda acerca de su naturaleza se la llama "duda simple".

Si existe duda acerca de cuál de las dos cosas va a ocurrir se le llama "duda mixta".

Cuando surgen dos resultados acerca de algo que se está realizando tenemos la combinación de resultados y si lo mismo provoca diversos resultados, es la "combinación de resultados múltiples".

Vamos ahora a dar algunos ejemplos de lo que se ha dicho:

Cuando una cortesana vive con un gran personaje lo que, de momento, le reporta buenos beneficios, pero a la vez se entiende con otras personas capaces de procurarle oportunidades de bienestar futuro y un aumento de la riqueza, haciéndose deseable de todos en este caso será una ganancia de riqueza acompañada de otra ganancia.

Si una cortesana vive con un hombre, del que obtiene buenas sumas de dinero, se dirá que tiene una ganancia de riqueza, no acompañada de otra ganancia.

La cortesana que recibe dinero de otras personas que no son su amante, sólo consigue: pérdida del futuro bienestar que el amante le hubiera podido proporcionar; posibilidad de perder el amor de un hombre que la quería sinceramente; el desprecio general y, por último, la posibilidad de entrar en relaciones con un individuo de baja condición significará sin duda una pé? dida para el futuro. Se tratará, pues, de una ganancia de riqueza acompañada de pérdidas.

En el caso de que una cortesana, por su cuenta y riesgo y sin ninguna ganancia segura, se relacione con un hombre importante o un ministro avaro, con el único propósito de evitar alguna desgracia o alejar algún obstáculo que impida obtener una ganancia, se producirá una pérdida de riquezas acompañada de ganancias que pueden surgir de la pérdida inicial.

Cuando una cortesana es bondadosa con un hombre muy tacaño; con uno enamorado de su propia apostura; con un hombre ingrato o con aquel que tiene habilidad en ganarse el corazón de los demás, sin que le proporcione beneficio alguno, será siempre una pérdida de riqueza sin acompañamiento de ganancia.

Pero si una cortesana es bondadosa con cualquiera de los hombres antes descritos, que a la vez son los favoritos del monarca, crueles y poderosos pero sin ningún beneficio especial y con el peligro de que la despidan en cualquier momento, la pérdida de riqueza irá acompañada de otras pérdidas.

Tanto las ganancias y pérdidas, así como las relacionadas con los méritos religiosos y los placeres, se han de conocer y deducir sus combinaciones.

Aquí terminan las observaciones sobre las ganancias y las pérdidas, y sobre las ganancias y pérdidas accesorias.

Pasemos ahora a las dudas, que, asimismo, son de tres clases:

- 🏵 *Dudas sobre la riqueza.*
- 🏵 *Dudas sobre el mérito religioso.*
- 🏵 *Dudas sobre los placeres.*

He aquí algunos ejemplos:

Cuando una cortesana no está segura de lo que pueda darle a un hombre o de lo que éste va a gastarse con ella, se produce una duda sobre la riqueza.

Si una cortesana duda de las riquezas que tiene para despedir a un amante del que ya no va a conseguir más dinero, puesto que le ha despojado de toda su fortuna, esta duda es de mérito religioso.

La cortesana que no tiene la seguridad de retener a un amante de su gusto y carece de la certeza de gozar de un hombre rodeado de su familia o de algún individuo de baja condición, se halla ante una duda sobre el placer.

Cuando una cortesana no sabe si una persona poderosa, pero malintencionada, le causará perjuicios si ella no tiene las deferencias en sus relaciones, esto supone una duda sobre la pérdida de riqueza.

La duda acerca de la pérdida del mérito religioso surge al presentársele a la cortesana el dilema de si perderá el mérito religioso al abandonar a un hombre que la ama, sin concederle el más mínimo favor, con lo que va a causarle la desdicha en este mundo y en el otro.

Cuando una cortesana duda acerca de si perderá el cariño de su amante de confesarle cuánto le ama, con lo que no podría seguir satisfaciendo su deseo, surge la duda sobre la pérdida del placer.

Dudas mixtas

Las relaciones sexuales o la unión con un extranjero, cuyas intenciones no se conocen, y al que pudo presentar lo mismo un amante que una autoridad, son capaces de proporcionar lo mismo ganancias que pérdidas. Por tanto, se presenta una duda mixta acerca de la ganancia o de la pérdida de riqueza.

Cuando una cortesana, por pedírselo un amigo o a impulsos de la compasión, tiene relaciones sexuales con un brahmán letrado, un estudiante religioso, un sacrificador, un devoto o un asceta, que pueden haberse enamorado de ella, hasta encontrarse al borde de la muerte, lo mismo puede ganar que perder mérito religioso y, en consecuencia, se enfrenta a una duda mixta sobre la ganancia o la pérdida del mérito religioso.

Si una cortesana sólo se basa en el testimonio de los demás, en lo que se dice respecto a un hombre, y acude a él sin cerciorarse previamente de si posee las buenas cualidades, puede ganar o perder placer, según sea este hombre; en este caso es una duda mixta sobre la ganancia o pérdida de placer.

Aquí concluye todo lo que se refiere a las dudas.

Uddalika ha definido las ganancias y las pérdidas por ambas partes, del modo siguiente:

❀ *Si, al vivir con un amante, la cortesana obtiene riqueza y placeres, se produce una ganancia por ambas partes.*

❀ *Cuando una cortesana tiene un amante que vive a expensas de ella, sin conseguir el menor provecho, y el amante llega incluso a quitarle lo que pudo haberle dado en otras épocas, se trata sin duda de una pérdida por ambas partes.*

❀ *Una duda por ambas partes acerca de las ganancias surgirá cuando una cortesana ignora si un nuevo amante le sería fiel e, incluso, si siéndole fiel le dará alguna cosa.*

❀ *Al ignorar si un antiguo enemigo, con el que, por propia iniciativa, la cortesana se ha relacionado, va a perjudicarle por satisfacer su rencor o, uniéndose a ella, le quitará por la fuerza cuanto antes pudo haberle dado, se origina una duda por ambas partes acerca de las pérdidas.*

Babhravya ha descrito las ganancias y las pérdidas
por los dos lados del modo siguiente:

🏵 *Cuando una cortesana puede conseguir*
   dinero de un hombre al que desea ver y,
   también de un hombre al que no tiene
   necesidad de ver, se trata de una ganancia
   por ambas partes.

🏵 *A veces una cortesana tiene que hacer*
   unos gastos para ir a ver a un hombre,
   pero, asimismo, se arriesga a una
   pérdida irremediable si no va, en ese
   caso se expone a una pérdida por
   ambas partes.

🏵 *Una cortesana ignora si un hombre al*
   que debe ir a ver, le dará alguna cosa,
   sin que para eso deba ella realizar alguno,
   o si, al abandonarle, obtendrá algo de
   otro hombre; se enfrenta a una duda por
   ambas partes sobre la ganancia.

🏵 *Cuando una cortesana ignora si, al ir*
   por sus propios medios, a ver a un
   antiguo amante, éste le quitará lo
   que le pudo haber dado, o, si no le visita,
   provocará algún contratiempo,
   será una duda por ambas partes sobre
   la pérdida.

Al combinar los casos que antes se han citado se obtienen seis clases distintas de resultados mixtos, es decir:

- ❋ *Ganancia por una parte y pérdida por otra.*
- ❋ *Ganancia por una parte y ganancia incierta por otra.*
- ❋ *Ganancia por una parte y pérdida incierta por otra.*
- ❋ *Pérdida por una parte y ganancia incierta por otra.*
- ❋ *Ganancia incierta por una parte y pérdida incierta por otra.*
- ❋ *Pérdida incierta por una parte y pérdida segura por otra.*

Una cortesana, tras considerar cuanto antes se ha dicho y haberse aconsejado con sus amigos, ha de actuar de manera que se asegure las ganancias, las posibilidades de grandes ganancias y las garantías contra algún perjuicio.

Tanto el mérito religioso como el placer se pueden combinar por separado, lo mismo que la riqueza, y los tres combinarse entre sí, de manera que proporcionen nuevas combinaciones.

Si una cortesana tiene tratos con muchos hombres, ha de obtener de ellos tanto dinero como placer.

En ciertas épocas, por ejemplo, los festivales de primavera, puede anunciar a distintas personas, por medio de su madre, que tal o cual día lo pasará con el hombre que le satisfaga un deseo especial.

Cuando se le acerquen jóvenes, llenos de pasión, reflexionará sobre lo que de cada uno puede obtener.

Las combinaciones de ganancias y pérdidas por ambas partes son:

- ❀ *Ganancia por un solo lado y perdida por todos los demás.*

- ❀ *Pérdida por un solo lado y ganancia por todos los demás.*

- ❀ *Ganancia por todos los lados y pérdida por todos los lados.*

La cortesana debe calcular las dudas acerca de la ganancia y las dudas acerca de la pérdida, en lo que concierne a las riquezas, al mérito religioso y al placer.

Aquí concluye la exposición sobre las ganancias y las pérdidas, las ganancias accesorias, las perdidas accesorias y las dudas.

Las distintas clases de cortesanas son:

- ❀ *Una intermediaria.*
- ❀ *Una sirvienta.*
- ❀ *Una mujer lasciva.*
- ❀ *Una danzarina.*
- ❀ *Una artesana.*
- ❀ *Una mujer que ha perdido a su familia.*
- ❀ *Una mujer que vive de su belleza.*
- ❀ *Una cortesana de profesión.*

Todas estas clases de cortesanas se relacionan con las distintas clases de hombres y todas ellas habrán de pensar en los medios de sonsacarles el dinero, complacerles, apartarse de ellos y reconciliarse de nuevo.

También han de tener en cuenta, las ganancias y, pérdidas particulares, las ganancias y pérdidas accesorias y las dudas, de acuerdo con la condición y clase de cada una.

Aquí termina todo lo que se refiere a las cortesanas.

Acerca de esto, unos versículos, nos dicen:

"Los hombres quieren placer, mientras que las mujeres, el dinero; en consecuencia, ellas han de estudiar esa parte que trata de las maneras de enriquecerse.

Hay mujeres que buscan el amor y hay otras que sólo buscan el dinero. Aquellas aprenderán en la primera parte de la presente obra, lo que refiere al amor y éstas encontrarán en la última los medios para ganar dinero, tal como las cortesanas lo practican''.

"Cornalinas son tus labios, si sonríes; miel que fluye tu saliva. Tus dientes, racimo de perlas, tus cabellos en tus sienes se enroscan como alacranes para morder el corazón de quien te ama. De un recorte de tus uñas fue hecha la luna creciente''.

Aupamishadika

"Me mira altiva… ¡dulce es su mirada! Erguido y suave talle: ríndase ante él las lanzas. Ya llega, ya está aquí: rosas son sus mejillas. Ya sé de su dulzura y su frescor. Un rizo negro cae sobre su rostro: el ala de la noche que reposa sobre la faz de la mañana."

I

De los medios para atraer a los demás

Cuando una persona no logra conseguir el objeto de sus deseos por cualquiera de los medios que antes se han indicado, entonces debe recurrir a otros medios para atraer a los demás.

Buena presencia, buenas cualidades, juventud y generosidad, son los medios principales, así como los de la naturaleza, para resultar agradable a los ojos de las demás personas.

Sin embargo, a falta de ellos, un hombre o una mujer puede recurrir a otros, artificiales, desde luego, o al arte de la seducción, por lo que a continuación se indican algunas recetas que resultarán útiles.

Un ungüento compuesto de *tabernamontana coronaria*, de *costus speciosus* o *arabicus* y *flacurthia cataphracta*, se utilizará como bálsamo personal.

Con las plantas antes indicadas, se hace un polvo fino que se aplica a la mecha de una lámpara, en la que se quema aceite de vitriolo azul; el pigmento negro de la lámpara que de ello resulte, si se aplica a las pestañas, confiere especial encanto a la persona.

Igual virtud, aplicado al cuerpo, tienen el aceite de *hogweed*, la *echite putescens*, la planta *sarina*, la amaranta amarilla y la hoja de nenúfar.

Un pigmento negro, compuesto con estas plantas, tiene un efecto muy similar.

El hombre que consume polvo de *helumbrium speciosum*, de loto azul y de *mesna roxburghii*, junto con mantequilla clarificada y miel, se hace mucho más atractivo para los demás.

Las mismas sustancias, al mezclarse con *tabernamontana coronaria* y con *xanthochymus pictorius* reducidas a ungüento, producen idénticos resultados.

Un hueso de pavo real o de hiena, recubierto de oro y sujeto a la mano derecha, hace que un hombre resulte atractivo a los ojos de los demás.

Del mismo modo, si se anuda a la mano un rosario de granos de azufaifa o de conchas; encantado con los hechizos que se mencionan en el *Atharvanc Veda* o de quienes son muy hábiles en esta ciencia, se obtienen parecidos resultados.

Cuando una sirvienta llega a la pubertad, su amo ha de mantenerla recluida y apartada y, a consecuencia precisamente de la reclusión y de la dificultad de llegar hasta ella, los hombres la desean con mucho más ardor; es el momento oportuno de conceder su mano al pretendiente capaz de dotarla de riquezas y de dicha.

Este es uno de los medios de aumentar el atractivo de una persona a los ojos de los demás.

De igual forma, cuando la hija de una cortesana llega a la pubertad, la madre reunirá a unos cuantos jóvenes de su misma edad, disposición y cultura, para decirles que está dispuesta a entregársela en matrimonio al que le haga regalos de tal o cual especie.

Después, mantendrá la hija en absoluta reclusión y su madre sólo la concederá en matrimonio al hombre que pueda hacerle los regalos convenidos.

De no poder conseguir del hombre cuanto deseaba, la propia madre comprará un objeto cualquiera o lo elegirá de entre los suyos, considerándolo como un regalo del novio a su hija.

La madre también puede permitir que su hija se case en privado, y simular que no sabe nada del asunto;

luego, haciendo ver que se entera, entonces dará su consentimiento para la unión.

Por su parte, la hija se esforzará en resultar agradable a los hijos de los ciudadanos ricos, que su madre no conozca, con el fin de atraérselos.

Se citará con ellos a la hora de las clases de canto, en lugares donde haya música, o en casa de amigos y, entonces, rogará a la madre o a una sirvienta que le permita unirse a aquel que más le agrade.

Cuando la hija de una cortesana es entregada de este modo a un hombre, ha de cumplir las obligaciones del matrimonio durante un año, tras lo cual podrá hacer lo que quiera.

Sin embargo, transcurrido ese año, si el primer marido la invita de vez en cuando a verle, debe renunciar a la ganancia del momento para pasar con él la noche.

Esa es la forma de matrimonio temporal que se estila entre las cortesanas y la manera de aumentar su atractivo ante los ojos de los demás.

Cuanto antes se ha dicho, también se aplica a las hijas de las bailarinas, cuyas madres sólo las entregarán a hombres que les puedan ser útiles de diversas maneras.

Aquí termina lo referente a ser atractiva a los ojos de los demás.

II

De la forma de dominar a los demás

Si un hombre, tras frotarse la *linga* con una mezcla de polvos de manzana espinosa, de pimienta negra y de miel; tiene relaciones con una mujer, la someterá a su voluntad.

El mismo efecto produce la aplicación de una mezcla de hojas de la planta *vatodbhranta*, de las flores que se arrojan sobre un cadáver cuando van a incinerarlo, del polvo de huesos de pavo real y del pájaro *jiwanjiva*.

También producen efecto similar los restos de un milano muerto de muerte natural, reducidos a polvo y mezclados con *cowach* y miel.

Si se unta con un ungüento hecho de la planta *émbilica*, se adquiere el poder de someter a las mujeres a su voluntad.

Se cortan en trocitos los brotes de la planta *vajnasunhi*, luego se sumergen en una mezcla de arsénico rojo y azufre, se secan siete veces y el polvo resultante se mezcla con miel. Aplicado a la *linga*, se consigue someter la voluntad de una mujer, una vez se le haya poseído.

Si se queman esos brotes durante la noche y, al contemplar el humo, aparece detrás una luna de oro, es seguro que se tendrá éxito con todas las mujeres. Ese polvo se mezcla con los excrementos de un mono que se arrojan sobre una joven virgen, para reservársela en matrimonio.

Para subyugar a las mujeres, se han de aplicar a la *linga* trozos de raíz de berenjena mezclados con aceite de mango, guardados como ungüento durante seis meses en un agujero del tronco de un árbol *sisu*.

Se sumerge el hueso de un camello en el jugo de la planta *eclipta prastata*, luego se quema, y el pigmento que de esto resulta se guarda en una caja hecha de hueso de camello. Se aplica, junto con antimonio, en las pestañas, con un pincel, hecho con hueso de camello.

Se trata de un pigmento purísimo y sano para los ojos, que posee la virtud de someter a los demás a la voluntad del que lo usa. Un pigmento a base de hueso de halcones, buitres y pavos reales produce idéntico efecto.

Aquí termina todo lo que se refiere a la forma de dominar la voluntad de los otros.

III

De la forma de aumentar el vigor sexual

Los medios para aumentar el vigor sexual son:

Un hombre adquiere vigor sexual bebiendo leche mezclada con azúcar, raíz de la planta *uchchata*, pimienta *chaba* y regaliz. Produce el mismo efecto la leche mezclada con azúcar, que ha hervido un testículo de un carnero o de un macho cabrío.

También se consiguen resultados parecidos con el jugo de la *hedysarum gangeticum*, del *kuili* y de la *kshirika*, mezclados con leche.

Según los *Acharyas*, si se muelen granos o raíces de *trapa bispinosa*, de *kasurika*, de jazmín toscano y de regaliz, junto con *kshirakapoli* (especie de cebolla) y el polvo se mezcla con leche azucarada y *ghee* (mantequilla clarificada) y, tras haberlo hecho hervir a fuego moderado, se bebe el jarabe que resulta, quien lo hace se encuentra en condiciones de gozar de una ilimitada cantidad de mujeres.

Igual resultado se consigue al mezclar arroz con huevos de gorrión y, después de hervirlo con leche, se le añade *ghee* y miel y se bebe en tanta cantidad como haga falta.

También se dice que da resultados idénticos beberse la mezcla resultante de tomar cortezas de grano de sésamo, remojarlos con huevos de gorrión, hervirlos con leche azucarada y *ghee*, añadirles frutos de *trapa bispinosa* y de *kasurika*, harina de trigo y habas.

Mézclese *ghee*, azúcar y regaliz a partes iguales, junto con jugo de hinojo y leche. Esta bebida se considera como santa y muy valiosa para el vigor sexual, sana y de gusto agradable.

En primavera, se bebe un jarabe compuesto de *asparagus racemosus*, de las plantas *shvadaushtra* y *uduchi*, de pimiento de cornetilla y de regaliz, todo bien hervido con leche, miel y ghee. Se dice que da un resultado similar al anterior.

También afirman que tiene iguales virtudes un cocimiento de *asparagus racemosus*, la planta *shvadauhshtra*, junto con frutos triturados de *premma espinosa*.

Beber *ghee* hervido cada mañana, durante la primavera, está considerado como una medicina sana, reforzante y de gusto agradable.

Igual efecto tiene la siguiente receta: mézclese, a partes iguales, grano de *shadaushtra* y flores de cebada y, cada mañana, al levantarse, tómese una cantidad que equivalga a dos cucharadas más o menos.

Sobre este tema hay unos versículos que dicen:

"Los medios de producir el amor y el vigor sexual, nos los enseñan la ciencia médica, los *Vedas*, las personas iniciadas en las artes mágicas y los parientes y amigos íntimos.

Jamás deberemos probar un medio de efecto dudoso, capaz de deteriorar el cuerpo, que implique la muerte de animales y nos ponga en contacto con cosas impuras.

Los únicos medios que se han de emplear han de ser eficaces y aprobados por brahmanes y amigos".

IV

De los medios para excitar el deseo

Cuando un hombre se siente incapaz de satisfacer a una mujer *hastini* o elefanta, ha de recurrir a distintos medios para excitar su ardor.

Primero, le frotará el *yoni* con la mano o con los dedos y no realizará la unión sexual hasta que ella esté excitada o sienta placer.

También puede emplear ciertos *apadravyas* u objetos que se ponen en la *linga* o en torno a ella para aumentar su tamaño o grosor, de modo que se adapte al *yoni*.

Según *Babhravaya*, estos *apadravyas* han de ser de oro, plata, cobre, marfil, hierro, cuerno de búfalo, maderas de distintas clases, estaño o plomo y han de ser suaves, fríos, para que provoquen el vigor sexual, y por completo adecuados al propósito señalado.

No obstante, *Vatsyayana* opina que cada uno puede darles la forma que más le agrade.

Estas son las diferentes clases de *apadravyas*:

* *El brazuelo (valaya), de idéntico tamaño que la linga y con una superficie exterior rugosa y llena de asperezas.*

❋ *La pareja (sanghati), constituida por dos brazuelos.*

❋ *El brazalete (chudaka), formado por tres brazuelos e incluso más, unidos entre sí hasta alcanzar la misma extensión que la linga.*

❋ *El brazalete sencillo es un simple brazalete de alambre enrollado en torno a la linga, según las dimensiones de está.*

❋ *El kantuka o jalaka consiste en un tubo abierto por ambos extremos, con un orificio a todo lo largo, áspero por fuera y cubierto de suaves protuberancias, cuyas dimensiones están adaptadas al yoni. Se ata a la cintura.*

❋ *De no encontrar ese objeto, suele utilizarse un tubo de madera de manzano, un tallo tubular de calabaza o una caña suavizada con aceite y extractos de plantas. Se atará como el anterior a la cintura.*

❋ *También sirven trozos de madera muy pulimentada, unidos entre sí.*

Todos los objetos citados, lo mismo se utilizan con la *linga* que por separado.

La gente de los territorios del sur cree que no se encuentra verdadero placer sexual si la *linga* no está perforada, y por ello se la hacen perforar, igual que los lóbulos de las orejas de una niña.

Cuando un joven se perfora la *linga*, lo hará con un instrumento afilado y muy fino y mantendrá la *linga* dentro del agua mientras le sangra. Por la noche practicará la unión sexual, incluso vigorosa, para limpiarse el agujero. Luego, ha de seguir lavándoselo con cocimientos y lo agrandará introduciendo trocitos de caña y de la *wrigthia antidysenterica*, con lo que gradualmente, aumentará el agujero.

Asimismo, resulta indicado lavárselo con regaliz mezclado con miel y, para ampliar el orificio, emplear el tallo del fruto del *simipatra*. Por último, se untará el orificio con aceite.

Dentro de este orificio en la *linga*, es posible colocar *apadravyas* de distintas formas, tales como el redondo, el redondo de un lado, el mortero de madera, la flor, el brazal, el hueso de garza, el colmillo de elefante, el mechón de cabellos, la colección de ocho pelotas, y otros objetos cuyos nombres provienen de su forma o del modo como se utilizan.

Todos estos *apadravyas* han de ser rasposos por la parte exterior, según su finalidad.

Ahora se relacionan las distintas formas que hay para reforzar la *linga*.

Cuando se desea reforzar la linga, hay que frotarla con pelos de determinados insectos de los que viven en los árboles. Después, tras engrasarla con aceite durante diez noches seguidas, la frotará de nuevo con los mismos pelos.

De este modo, conseguirá que la *linga* se le hinche de manera progresiva, por lo que tendrá que acostarse boca abajo en una hamaca, dejando que la *linga* cuelgue a través de un agujero.

Después mitigará el dolor que le ha producido la hinchazón por medio de compresas frías.

Tal hinchazón dura toda la vida, se denomina *suka* y es muy frecuente encontrarla entre los de la región de Drávida.

Si se frota la *linga* con la planta *physalis flexuosa*, la *shavarakan daka*, la *jalasuka*, el fruto de la planta de los huevos, manteca de búfalo, la *hasticcharma* y el jugo de la *vajra-rasa*, se consigue una hinchazón que dura un mes.

Frotándola con aceite hervido en los cocimientos antes citados, se consigue el mismo efecto durante seis meses.

La *linga* también se agranda frotándola o bañándola con aceite hervido a fuego moderado, en el que se mezclarán semillas de granada y de pepino, jugos de la planta *valuka*, de la *hasta-charma* y de la planta de los huevos.

Además de éstos, pueden aprenderse otros sistemas de personas experimentadas y sabias.

V

De las diversas recetas

A continuación se indican varias recetas:

Para conseguir en exclusiva el amor de una mujer se le arroja una mezcla de polvo de la planta del seto lechoso y de la *kantala* con excrementos de mono y raíz molida de la *lanjalika*.

Se forma una especie de gelatina con el jugo de los frutos de la *cassia fístula* y de *eugenia jambolina*, mezclándola con los polvos que se obtienen de la planta *soma*, de la *vernonia anthelmintica*, de la *eclipta prastata* y de la *lohopa-jihirka*.

Este preparado se aplica al *yoni* de la mujer con la que a continuación se realiza la unión sexual y cesará al instante el amor por ella.

El mismo efecto se logra cuando se tienen relaciones sexuales con una mujer que se haya bañado en leche de mantequilla de búfala, mezclada con polvo de la planta *gopalika*, de la *bana-padika* y de amaranto amarillo.

Un ungüento compuesto de flores de la *nauclea cadamba*, del *jobo* y de la *eugenia jambolina*, es el que usan las mujeres que pretenden que su marido las odie.

Idéntico efecto consigue una mujer que se adorne con guirnaldas de esas flores.

El ungüento hecho con el fruto de la *asteracantha longifolia* (*kokilaksha*) constriñe el *yoni* de la mujer *hastini* o elefanta, durante el transcurso de toda una noche.

Las raíces molidas del *nelumbrium speciosum* y loto azul, con polvo de la planta *physalis flexuosa*, mezclado con *ghee* y miel, en forma de ungüento dilata el *yoni* de la mujer *mrigi* o cierva.

Para blanquear los cabellos se utiliza el ungüento compuesto por el fruto de la *emblica myrobolans* embebido en el jugo lechoso de la planta y de la leche de la planta *soma*, de la *calotropis gigantea* y en el jugo de la *vernonia anthelmintica*.

Si se emplea como loción el jugo de las raíces de la planta *madayantaka*, de la amaranta amarilla, de la *anjanika*, de la *clitoria ternatea* y de la *shlaksh-naparni*, se consigue que crezca el pelo.

Las raíces antes mencionadas, hervidas en aceite, empleadas como ungüento ennegrece más los cabellos y, crecerán, gradualmente, los que hayan caído.

Si se moja la laca siete veces seguidas, hasta que quede saturada por completo, en el sudor de los testículos de un caballo blanco, y luego se aplica a un labio rojo, éste se vuelve blanco.

El color de los labios recupera su color con la *madayantika* y otras plantas, que se han mencionado anteriormente.

La mujer que oye a un hombre tocar un caramillo mojado en los jugos de las plantas *bahupadika, tabernamontana coronaria,* la *costus speciosus* o *arabicus, pinus deodora, euphirbia antiquorum* y de las plantas *vajra* y *kantaka,* se convierte en su esclava.

Si se mezclan los alimentos con la fruta del *dathura* o manzano espinoso se produce una intoxicación.

Si se mezcla agua con aceite y con las cenizas de cualquier hierba, excepto la *kusha,* esta agua adquiere el color de la leche.

Si se muelen a la vez la *myrobolans* amarilla, la *jobo,* la *shrawana* y *priyangu,* y el polvo resultante se aplica a vasijas de hierro, estas se volverán rojas.

Si se llena una lámpara de aceite extraído de las plantas *shrawana* y *priyangu,* y al encender su mecha de tela y escamas de serpiente, y colocar cerca unos pedazos de madera, éstos semejarán serpientes.

Beber la leche de una vaca blanca, que tiene a su lado un ternero blanco, es de buen augurio, da renombre y conserva la vida. Las bendiciones de un brahmán venerable surten idéntico efecto.

Para concluir estos *Kama Sutras* o Aforismos del Amor, nada mejor que los versículos siguientes:

"De este modo he escrito en pocas palabras la Ciencia del Amor, tras consultar a los *Archyas* y de comprobar los medios de goce que en ellos se indican.

El que conoce bien los principios de esa ciencia toma el consejo del *dharma*, el *artha* y el *kama*, así como de su propia experiencia y en las enseñanzas de otros, sin actuar nunca por propia fantasía.

Respecto a los errores en la ciencia del amor que he mencionado a lo largo de esta obra, bajo mi propia autoridad como autor, los he censurado al instante y prohibido enseguida.

Un acto no debe justificarse nunca por el simple hecho de que la ciencia lo autorice, pues no se ha de olvidar que, según el mismo fundamento de la ciencia, las reglas sólo se han de aplicar en casos concretos.

Tras leer y meditar las obras de *Babhravya* y de otros autores antiguos, y de examinar el sentido de las reglas que ellos dictaron, *Vatsyayana* ha compuesto los *Kama Sutra*, según los preceptos de los libros sagrados, para que el mundo se beneficie, en la época en que él llevaba vida de estudiante religioso y estaba por completo absorto en la búsqueda de la Divinidad.

Esta obra no se hizo tan sólo para servir de simple instrumento de satisfacción a nuestros deseos.

Quien posea los auténticos principios de esa ciencia, cultive con atención su *dharma*, su *artha* y su *kama* y tome con interés las prácticas del pueblo, tiene la seguridad de llegar a dominar sus sentidos.

Para resumir, una persona inteligente y prudente, que se ocupe del *dharma* y del *artha*, así como del *kama*, sin convertirse en esclavo de sus pasiones, tendrá éxito en cuantas cosas emprenda".

> *"Son los relámpagos de tu cabellera cuando se esparcen sobre tu frente, una aureola que forman nuestra tormenta nocturna; como si el cielo y mi corazón fueran surcados por rayos sin fin".*

Notas

"Vino con su ropaje azul: era un girón de cielo. Fijó en mi sus ojos: eran dos espadas. El encanto duerme bajo sus párpados. Me veo en sus pupilas y me arde su flameo. Y dos centinelas están en defensa de su corazón: duros como el hierro y más suaves que el narciso."

Dharma: (Virtud) La adquisición del mérito religioso, la perfección absoluta.

Artha: (Riqueza) El logro de los bienes terrenales.

Kama: (Placer) La posesión del amor y del placer, culminando en la perfección erótica.

Kama Sutra: Aforismos sobre el amor

Shruti: Libro Sagrado.

Shastra: Sagradas Escrituras.

Ciudadano: Término que se aplica a todos los habitantes del Indostán.

Pitharmardas: Hombre educado pero superficial.

Vitas: Hombre simpático pero payasesco.

Vidushakas: Hombre ilustrado pero sin riquezas. (Estas tres clases de hombres cumplían la función de alcahuetes en esa época).

Nayika: Mujer a la que puede poseerse sin pecar.

Támbula: Mezcla de nuez de areca y hojas de betel.

Brahmán: Casta sacerdotal. (Los hindús dividían la sociedad en cuatro castas).

Kshartryas: Casta guerrera.

Vaishayas: Casta mercantil.

Shudra: Casta baja.

Linga: El pene, el sexo masculino.

Yoni: La vagina, el sexo femenino.

Vesyas: Mujeres públicas, cortesanas.

Acharyas: Los autores antiguos.

Contenido

Títulos de esta colección

- **Kama Sutra.** *Vatsyayana*

- **Ananga Ranga.** *Kalyana Malla*

- **El Jardín Perfumado.** *Jeque Nefzawi*

- **La Puerta de Jade.** *Yu Men*

- **Koka Shastra.** *Kokkoka*

- **El Masaje Erótico.** *L. Rutiaga*

- **Náufrago de tu Cuerpo.** *L. Rutiaga*

Este libro se terminó de imprimir
en los talleres de Castillo
y Asociados Impresores,
Camelia 4, col. El Manto,
México, D.F.